Schreibimpulse
Schriften und Materialien
zur Aufsatzerziehung

Ulrich Liebnau

EigenSinn

Kreatives Schreiben — Anregungen und Methoden

Verlag Moritz Diesterweg

Frankfurt am Main

Die Deutsche Bibliothek – CIP-Einheitsaufnahme

Liebnau, Ulrich:
EigenSinn : kreatives Schreiben – Anregungen und Methoden /
Ulrich Liebnau. – 1. Aufl. – Frankfurt am Main : Diesterweg, 1995
  (Schreibimpulse)
  ISBN 3-425-01650-4

1. Auflage 1995

ISBN 3-425-01650-4
© 1995 Verlag Moritz Diesterweg GmbH & Co., Frankfurt am Main.
Alle Rechte vorbehalten. Das Werk und seine Teile sind urheberrechtlich geschützt.
Jede Verwendung in anderen als den gesetzlich zugelassenen Fällen
bedarf deshalb der vorherigen schriftlichen Einwilligung des Verlags.

Illustration: Peter Nicolas Doormann, Hamburg (33), Matti Lembke, Rellingen (14),
               Ulrich Liebnau, Hamburg (6), Marc Knickmeier, Hamburg (2),
               Detlef Allenberg, Pinneberg (1), Dietrich Gondosch, Billigheim (1)
Umschlagentwurf: Reckels, Schneider-Reckels & Weber, Wiesbaden
Satz: Satzherstellung Karlheinz Stahringer, Ebsdorfergrund
Druck: Appl, Wemding
Bindung: Großbuchbinderei Monheim GmbH, Monheim

Inhaltsverzeichnis

Spaß am Schreiben in der Gruppe 12

Spiel mit Sprache 22

Handwerkliches 34

Innenwelten 73

Außenwelten 93

Traumwelten 108

Größere Vorhaben 120

Gesichtspunkte zur Bewertung 132

Literaturverzeichnis 136

Vorwort für Lehrerinnen und Lehrer

Auf dieses Buch haben Sie gewartet. Vor allem dann, wenn Sie „Kreatives Schreiben" *schon* gelegentlich erprobt haben und nach einer Fundgrube für neue Anregungen suchen, oder wenn Sie *noch nicht* umgesetzt haben, was Sie eigentlich schon immer wollten oder nach den Forderungen moderner Lehrpläne oder den Ergebnissen neuer Gehirnforschung auch sollten.

Unterstützt und entlastet werden auch die Kolleginnen und Kollegen, die Materialien suchen für Gruppen-, Projekt- und Freiarbeit, Offenen Unterricht, und vor allem diejenigen, die erkannt haben, daß der Deutschunterricht Originalität und Kreativität bisher zu wenig fördert, so daß er darum notwendigerweise ergänzt werden muß.

Dieses Buch ist zwar aus der Schulpraxis erwachsen und in erster Linie für diese gedacht, es ist aber auch für diejenigen geschrieben, die außerhalb dieses Rahmens Anregungen und methodische Hilfen suchen, z. B. Autodidakten oder Mitglieder in Schreibgruppen im privaten Bereich, in Volkshochschulen oder Universitäten.

Warum ist Kreatives Schreiben im Deutschunterricht „notwendig"?

1. Eine jahrzehntelange Überbetonung des Schreibens nach vorgegebenen Regeln hat dazu geführt, daß viele Schülerinnen und Schüler in den Jahrgängen 5 bis 13 Schreibaufgaben nur mit Unlust und Angst vor Fehlern verbinden. Wer demgegenüber erreichen möchte, daß sie Schreiben als eigenes Ausdrucksmittel (wieder) entdecken, muß neue Impulse geben und „EigenSinn" zulassen.

2. Neuere Lehrpläne für die Sekundarstufen I und II fordern eine stärkere Einbeziehung des Kreativen Schreibens in den Deutschunterricht. Sogar im schriftlichen Abitur können z. B. in Hamburg Textuntersuchungen durch „gestalterische Teilaufgaben erweitert" werden. Auch aus den Beschlüssen der Kultusministerkonferenz über „Einheitliche Prüfungsanforderungen in der Abiturprüfung (1. 12. 1989)" ist zu ersehen, daß die schriftlichen Aufgaben für die Entfaltung von „Originalität und Kreativität" Raum lassen sollen.

3. Moderne Hirnforschungen haben gezeigt, daß sich eine Vernachlässigung der rechten Hirnhälfte auf Dauer in zweifacher Hinsicht nachteilig auswirkt: Die Denkergebnisse werden immer dürftiger, weil sie „einseitig" entstehen, und die unterdrückten Kräfte der rechten Hirnhälfte machen sich an unerwarteten Stellen „destruktiv" Luft.

Wenn z. B. Phantasie, Assoziationskraft, Spontaneität oder auch „EigenSinn" im Unterricht keinen angemessenen Platz finden, machen sie sich in abweichendem Verhalten bemerkbar: in Tagträumen, Seitengesprächen, im Bänkebemalen, Briefchenschreiben ... bis hin zur direkten Leistungsverweigerung.

Der Berliner Jurist Gerhard Huhn wirft unserer linkshirnig orientierten Schule wegen der Mißachtung der freien Entfaltung der Persönlichkeit (Art. 2 GG) sogar Verfassungswidrigkeit vor.

Wenn eine Seite überbetont und dadurch die andere zurückgedrängt wird, bleiben unendliche Möglichkeiten ungenutzt. Wir denken nur „einseitig".

Mit dem Kreativen Schreiben wird besonders die Arbeitsweise der rechten Hirnhälfte angesprochen und damit die bisherige *Über*betonung des Logischen schöpferisch aufgehoben.

Erst wenn die linke *und* die rechte Hirnhälfte gleichberechtigt auf ihre spezielle Art gefordert und gefördert werden und sich gegenseitig anregen können, wird unser Denken vielseitiger, origineller, lebendiger und menschlicher.

linke Hirnhälfte

sie denkt v. a. logisch, regelgeleitet, organisierend, gliedernd, analysierend, planend
sie liebt die überschaubare Ordnung
sie speichert und organisiert Informationen
(s. Computer!)
sie denkt in Begriffen
(z. B. Bett = Schlafmöbel)
sie registriert Einzelheiten und verarbeitet
sie nacheinander (den Pickel auf der Nase,
die Lachfalten, …)
sie denkt linear, zielgerichtet
(sie verknüpft z. B. Wörter nach grammatischen Regeln zu Sätzen)

rechte Hirnhälfte

sie denkt v. a. spontan, intuitiv, gefühlsmäßig, phantasievoll, kreativ
sie liebt den Zufall, das Neue, das Ungeordnete, die Improvisation
sie denkt in Bildern
(z. B. Bett = Kuschelkuhle)
sie erfaßt ganzheitlich
(z. B. freundliches Gesicht)
sie denkt umkreisend, assoziierend,
unerwartet, tagträumend, „wild"
(sie verbindet z. B. mit Wörtern: Bilder,
Klänge, Farben, Rhythmus, Erinnerungen, Gefühle)

Kreatives Schreiben kann also als „Gehirntraining" bezeichnet werden, das sich auch außerhalb des kreativen Schreibbereichs auf unser Denken, Fühlen und Handeln auswirkt.

4. In einer modernen Schule müssen die Lernenden sich so entwickeln können, daß sie mit ihrer Gegenwart und Zukunft zurechtkommen. Hierfür reicht es nicht aus, ihnen nur Fakten und Kenntnisse zu vermitteln. Wir müssen ihnen darüber hinaus Angebote machen, daß sie „Verhaltensbereitschaften" (Gerold Becker) lernen – oder sich erhalten.

Im Deutschunterricht können wir mit dem Kreativen Schreiben besonders gut dazu beitragen. So können sich beispielsweise Schüler/innen durch eigene Erfahrungen aneignen: • Mut, sich Ungewohntem auszusetzen, • Neugier als Voraussetzung für Lernen, • phantasiegeleitetes Denken und Handeln, • „EigenSinn" als Kraft gegen Fremdbestimmung, • Zähigkeit, auf den Grund der Dinge zu gehen, • Umgestaltungsfähigkeit, • Flexibilität, • Kooperationsfähigkeit, • Zuversicht in bezug auf eigene Möglichkeiten, • Frustrationstoleranz, • soziale Sensibilität, • Fähigkeit, sich in andere hineinzuversetzen (Empathie), • Bereitschaft, sich für andere zu engagieren, und nicht zuletzt • Mut zur Wahrhaftigkeit und Authentizität.

Was bringt nun unser Buch „EigenSinn"?

Wir versuchen, die angesprochenen Kritikpunkte und Forderungen aufzugreifen und in Verbindung zu Erfahrungen aus der eigenen Praxis so aufzuarbeiten, daß die schulische Arbeit erleichtert wird.

Dazu trägt unseres Erachtens bei, daß
- alle Schreibanregungen direkt für Schüler/innen formuliert sind,
- motivationsfördernd inhaltliche Interessen der verschiedenen Jahrgänge angesprochen werden,
- theoretische Grundkenntnisse so vermittelt werden, daß Interessierte genügend Anstöße zur Verbesserung ihres Methodenbewußtseins bekommen
- und daß außerdem Möglichkeiten aufgezeigt werden, Kreatives Schreiben im Zusammenhang mit dem normalen Deutschunterricht zu betreiben.

Das heißt konkret: Kreatives Schreiben wird nicht nur als Weg zu unvergeßlichen „Sternstunden" angeboten, sondern als Methode, die unsere normale Schreiberziehung und Beschäftigung mit Literatur lebendiger, lustbetonter und zugleich effektiver macht.

In das Buch fließen ein: jahrelange Erfahrungen mit „Schreibwerkstätten" als Neigungskursen, mit Projektwochen, Erkenntnisse aus sechs jahrgangsübergreifenden Schreibwettbewerben, ermutigende Ergebnisse aus dem Deutschunterricht der Sekundarstufe I und II – bis hin zu Abituraufgaben – und nicht zuletzt Diskussionsergebnisse einer zunächst von Joachim Fritzsche und dann von Bolko Bullerdiek wissenschaftlich begleiteten Lehrergruppe, die in Hamburg seit mehreren Jahren ein speziell eingerichtetes Förderprogramm „Kreatives Schreiben" durchführen kann.

Erweitert wurden diese Erfahrungen noch durch Blicke – über den fachbegrenzenden Tellerrand hinaus – auf die Praxis von „Kreativitäts-Profis" (s. „Handwerkliches"). Dort bewährte Methoden – eingesetzt bei Ideenfindungs- und Problemlösungsprozessen – helfen, Kreativitäts-Reserven zu erschließen, und tragen wegen ihres neuen Ansatzes zur stärkeren Motivation bei.

Bei den Aufgaben zu den Schreibanregungen sind die abgekürzten Informationen in Klammern zu beachten: **Gr.** steht für Gruppe – **E.** für Einzelarbeit. Stehen beide Angaben nebeneinander, bedeutet dies, daß die erste Arbeitsform, z.B. **Gr.**, ergiebiger ist, die zweite aber auch gewählt werden kann. Die Jahrgangsangaben weisen darauf hin, von welcher Jahrgangsstufe an die Übungen möglich sind. **„Ab Jg. 6"** bedeutet z.B. aber nicht automatisch, daß diese Anregung für den Jahrgang 10 ohne Reiz ist. Denn ganz nach dem Anspruchsniveau der Beteiligten kann aus der Übung beispielsweise ein einfaches unterhaltsames Schreibspiel oder eine Selbsterfahrungsübung werden.

Vorangestellte Vorbemerkungen sollen Hintergründe erhellen; sie können aber auch übersprungen werden. Die Arbeitsanleitungen sollten dafür um so genauer gelesen werden.

Bei vielen Übungen werden relativ kurze Schreibzeiten vorgegeben (z.B. „Schreibe einen 20 Min.-Text."). Diese Vorgaben sollen die Schreibenden nicht unnötig unter Druck setzen, sondern eher von dem Anspruch befreien, ein „perfektes Kunstwerk" schaffen zu müssen. In begrenzter Zeit geschriebene Texte sind „Skizzen", sie sind häufig dadurch besonders reizvoll. Manchmal lohnt es sich aber auch, sie mit mehr Zeitaufwand zu überarbeiten.

Bei Schreibvorschlägen, deren Grundidee wir der Anregung anderer verdanken, sind die Namen der Urheber/innen aufgeführt worden. Wenn das nicht lückenlos erfolgt sein sollte, bitten wir, dies zu entschuldigen. Bei manchen Aufgaben läßt sich – ähnlich wie bei Gesellschaftsspielen – nicht ermitteln, woher sie kommen. Zum Teil verdanken sie ihre Ausprägung einer kollektiven Autorschaft und sind damit zum weiter entwickelbaren Allgemeingut kreativ Schreibender geworden.

Welche Schwerpunkte stehen im Mittelpunkt?

Schreiben lernt man nur durch Schreiben, und das um so leichter und intensiver, je besser man motiviert ist.

Nehmen wir diese Erkenntnis ernst, müssen wir unsere herkömmliche Schreiberziehung ergänzen, und zwar dadurch, daß wir folgende drei Aspekte stärker gewichten:

a) die **Einzelperson** mit all ihren Erfahrungen, Bedürfnissen, Schwierigkeiten und Möglichkeiten,

b) die Bedeutung von geselligem Arbeiten in **Kleingruppen**,

c) den Wert des **Spiels** für Denk- und Schreibprozesse.

Zu a): Bei allen Schreibvorschlägen sollen Schülerinnen und Schüler erleben können, daß sie als Individuen – so wie sie sind und sich äußern – geachtet werden. In den Gruppenarbeiten erfahren sie z.B., daß ihre persönlichen Einfälle von anderen gebraucht werden. Oder sie erfahren stolz das Interesse der Mitschüler/innen an ihren Lösungen, wenn sie selbstbestimmt autobiographisch oder fiktional ansetzend über subjektive Erfahrungen, Bedürfnisse, Wünsche, Träume oder auch Ängste schreiben. Bei Aufgaben, die Schreiben aus anderen Perspektiven nahelegen, können sie erleben, wie spannend es ist, sich in andere Personen hineinzuversetzen. Auch diese Erfahrung hilft ihnen, ihr Selbst- und Weltbild zu erweitern und ihr Selbst-Bewußtsein zu entwickeln.

Zu b): Beim Schreiben in kleinen Gruppen können die Beteiligten das erleben, was nach Ruth Cohn Voraussetzung für lebendiges Lernen ist: eine ausgewogene Berücksichtigung der Ansprüche, die das einzelne Individuum, die Gruppe und das Thema stellen.

Gemeinsam bemühen sie sich um die Bewältigung von Schwierigkeiten, die sie sich z.T. gegenseitig aufgeben, regen einander an, helfen sich und sind sich nach getaner Arbeit bestätigendes, aber auch kritisches Publikum.

Das Lernen voneinander entwickelt sich organisch (s. z.B. „Verbesserungszirkel" S. 69); gilt doch in dieser Entwicklungsphase die Meinung der Gleichaltrigen, der „peer group", häufig mehr als die der Erwachsenen.

Darüber hinaus kann in der Geselligkeit das Ideal eines angstfreien, lustbetonten, demokratischen Miteinanders erfahren und Mut für solidarisches Handeln auch in anderen Bereichen gewonnen werden.

(Die 6er-Gruppe wird am häufigsten vorgeschlagen, weil bei dieser Gruppengröße das Verhältnis zwischen Vielfalt und Vertrautheit besonders ausgewogen ist.)

Zu c): Das Spiel kann in seiner Bedeutung für Denk- und Schreibprozesse nicht hoch genug eingeschätzt werden; denn es hilft, über das zielfixierte lineare Denken hinaus, kreatives Denken zu erschließen.

Besonders in den Kapiteln „Spaß am Schreiben in der Gruppe" und „Spiel mit Sprache" – aber auch in den anderen – werden die Schüler/innen ermutigt, Spielräume auszunutzen und ungewohnte Möglichkeiten auszuprobieren. Sie überlassen sich z.B. gespannt und zugleich entspannt dem Wechselspiel zwischen den Kräften der linken und der rechten Hirnhälfte, experimentieren, ohne Furcht vor Fehlern, mit Assoziationen, Wortklängen, Schreibstilen, Zufällen, Fiktionen, ...

Sie erleben im Schon- und Übungsraum Spiel, daß es Spaß machen kann, starre

Denkmuster und Normen mit „EigenSinn" zu durchbrechen und eigene Problemlösungen zu erproben.

In diesem Sinne fördern Spiele Kreativität, die auch – oder: gerade auch – für die Gestaltung unserer Gesellschaft gebraucht wird.

Auch wenn wir auf *fachspezifische Lernziele* blicken, werden wir feststellen, daß sich die neue Schreiberziehung positiv auswirkt:

- Die Schüler/innen gehen selbstbewußter an Schreibaufgaben heran (das gilt nicht zuletzt für vorher schreibgehemmte).
- Sie haben ihre sprachlichen Ausdrucksmittel erweitert und sind dem Ziel, einen eigenen Stil zu entwickeln, ein Stück näher gekommen.

Sie konnten mit stilistischen Details und verschiedenen Textsorten – auch bisher unbekannten – Erfahrungen machen und haben dadurch gelernt, immer differenzierter und freier auszudrücken, was sie wollen und wie sie es wollen.

- Sie haben miterleben können, wie ihre Texte auf andere wirken, und konnten daraus lernen, adressaten- und situationsbezogen zu schreiben.
- Durch produktives Erproben literarischer Schreibweisen wurden sie sensibilisiert für stilistische Elemente und deren Funktion. So können sie bei Interpretationsaufgaben die besonderen Qualitäten von Literatur besser erkennen, deuten und auch genießen.

Was wird von uns Lehrerinnen und Lehrern erwartet?

Aus methodischen Gründen sollten folgende Punkte beachtet werden:
- In allen Jahrgängen mit motivierenden Selbstgängern aus den ersten beiden Kapiteln beginnen (z.B. „Monogramm", „Brief-Lawine", „Lauter Laute", „Titel-Montagen"),
- Aufgaben so auswählen und u.U. verändern, daß sie für die Klasse bzw. den Kurs und in den Unterrichtszusammenhang passen,
- die angebotenen Hilfen aus dem Kapitel „Handwerkliches" gemeinsam erarbeiten,
- bei den Aufgaben der Kapitel „Innenwelten" bis „Traumwelten" so viel wie möglich auswählen lassen.

Die meisten Schreibaufgaben sind zwar so angelegt, daß die Schüler/innen sie in der Regel selbständig bearbeiten können; da aber Klassen bzw. Kurse nicht wie „Schreibwerkstätten" freiwillig besucht werden und darüber hinaus 45-Minuten-Takte die Arbeit erschweren, heißt dies vor allem:
- Die Zeit strukturieren (Welche Teilaufgaben sind im Unterricht, welche besser als Hausaufgabe zu erledigen? Wann muß aufgehört werden zu schreiben, damit noch vorgelesen werden kann?),
- bei der Gruppenbildung beraten (Möglichst viele Wunschgruppen, aber keine „Restgruppe"!),
- schwächere Schüler/innen stützen und möglicherweise störende individuell motivieren.
- Durchdacht werden müssen von uns die Zeiträume, in denen Kreatives Schreiben stattfinden soll. So hat sich z.B. bewährt, soweit möglich, Doppelstunden zu nutzen oder die erste oder letzte Wochenstunde als Schreibstunde einzurichten. Alternativ dazu empfiehlt es sich, Schwerpunkte in der Jahresplanung zu reservieren, z.B. die Wochen am Anfang und Ende eines Schuljahres, Projekttage oder Projektwochen. Besonders im Jahrgang 5 sind gute Erfahrungen mit dem sogenannten

„5-Min.-Schreiben" zu Beginn der Deutschstunden gemacht worden. Hierbei schreiben die Schüler/innen z. B. nach der Methode „Automatisches Schreiben" über mehrere Wochen in ein besonderes Heft das auf, was sie wollen.

Ungewohnt ist sicher die letzte Empfehlung:

- Jeder von uns sollte so oft wie möglich mitschreiben.

In freiwilligen Schreibgruppen ist dies selbstverständlich. In Klassen bzw. Kursen stehen dem leider manchmal Organisations- oder Disziplinprobleme im Wege, aber vornehmen sollten wir es uns – trotz möglicher Hemmungen – immer wieder!

Die Kolleginnen und Kollegen für Musik oder Bildende Kunst haben es in vergleichbaren Situationen leichter. Helfen können uns Lehrerfortbildungskurse und eigene Versuche im stillen Kämmerlein.

Die Vorteile für die Schüler/innen liegen auf der Hand: Sie fühlen sich weniger von außen beobachtet und schreiben freier („Wenn die sich traut, kann ich ja auch …").

Die Vorteile für uns sind nicht weniger bedeutungsvoll:

- Das Verständnis für unsere Schüler/innen und ihre möglichen Schreibschwierigkeiten wächst, • unser eigenes Rollenverständnis kann sich positiv verändern („Ich muß ja nicht immer alles allein im Griff haben."), • wir entdecken (wieder?) selbst den Spaß am Schreiben.

Und wie steht's mit der Benotung?

Da die Antworten zu dieser wichtigen Frage den Rahmen eines Vorwortes sprengen würden, geben wir sie am Ende des Buches.

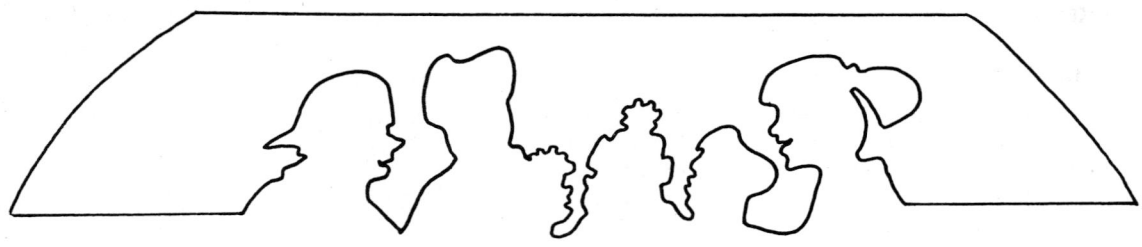

Spaß am Schreiben in der Gruppe

Die beiden Schwerpunkte „Spaß" und „Gruppe" sind bewußt an den Anfang gesetzt, weil sie den Einstieg erleichtern und Erfahrungen vermitteln, die für die weitere Schreibarbeit notwendig sind.

„Spaß" ist Voraussetzung für entspanntes, ideenreiches Schreiben. „Gruppe" steht für gemeinsames Tun, für Bestätigung und Erlebnis. Schreibfaule oder Schreibgehemmte werden feststellen: „Ich kann ja schreiben, und es macht Spaß." Denn die Aufgaben haben häufig Spielcharakter, binden jedes Gruppenmitglied ein (z. B. beim Erfinden von kleinen Bausteinen für die Texte anderer) und bestätigen jeden – unabhängig von der Qualität des Textes.

Monogramm

ab Jg. 5, E. oder 6er Gr.

Monogramme sind – häufig kunstvoll gestaltete – Anfangsbuchstaben eines Namens. Manchmal zeigt schon der erste Blick, wie sich die dahinterstehende Person selbst sieht.

Die folgende Übung läßt sich gut zum gegenseitigen Kennenlernen nutzen.

Anleitung 1. Zeichne auf einem quergelegten Blatt (mindestens DIN A4) mit sehr großen Hohlbuchstaben die Anfangsbuchstaben deines Ruf- und

Familiennamens, z. B. so

2. Fülle die Hohlräume mit möglichst vielen Wörtern, die mit dem entsprechenden Buchstaben beginnen (im Beispiel also mit A und O). Wortart, Form und Lage der Wörter können beliebig sein.

3. Wenn alle fertig sind, werden die Monogramme in der Runde weitergereicht und danach evtl. einzelne Einfälle angesprochen oder ins eigene Monogramm übernommen.

4. Suche jetzt aus jedem der zwei Buchstaben zwei Wörter heraus, die dich besonders interessieren, und rahme sie ein.

5. Erkläre in der Gruppe, warum du diese vier Wörter ausgewählt hast, warum sie vielleicht zu dir passen oder warum sie dir schon oft Anlaß zu Ärger gaben.

6. Schreibe anschließend einen 20 Min.-Text, in dem die vier Wörter eine Rolle spielen.

Lücken-Geschichten

ab Jg. 5, 2er Gr.

Anleitung 1. Jeder beschreibt in etwa 6 Min. eine leere Seite mit Teilen einer lustigen oder geheimnisvollen Geschichte. Laßt dazwischen kleine und bis zu drei Zeilen große Lücken für einzelne Wörter, Satzglieder und ganze Sätze. Den Zusammenhang der Geschichte müßt ihr selbst nicht kennen.
2. Tauscht die Blätter, und vollendet die unvollständigen „Kunstwerke".

Fortsetzungsgeschichten

ab Jg. 5, 6er Gr.

Sie zu lesen macht Spaß; sie selbst in einer Gruppe zu schreiben ist noch reizvoller – vor allem dann, wenn kleine Schwierigkeiten gemeistert werden müssen und dadurch unerwartete Ergebnisse entstehen.

Anleitung Fangt ganz frei an oder überlegt euch zu Beginn in der Gruppe eine gemeinsame Überschrift: eine Frage, z.B. „Warum immer ich?" oder eine neugierig machende Aussage, z.B. „Es geschah in einer Sommernacht" oder ein geheimnisvoll klingendes Wort, z.B. „Esapinno" oder „Goorah".
Zur Fortsetzung habt ihr drei Möglichkeiten:
1. „Letztes Wort":
Schreibe zu der Überschrift den Anfang einer Geschichte (ungefähr drei Sätze), und gib das Blatt anschließend in der Runde weiter. Die Fortsetzungen bestehen immer nur aus ein bis zwei Sätzen. Dabei muß jedes Mal aus dem Schlußsatz das *letzte Wort* am Anfang der Fortsetzung stehen. Ein bis zwei Zwischenwörter sind erlaubt.
2. „Letzter Satz":
Jeder schreibt den Anfang der Geschichte, und zwar so, daß jeder Satz in einer neuen Zeile beginnt. Nach ca. 5 Min. wird der Text so nach hinten geklappt, daß nur der *letzte Satz* zu lesen ist. Danach wird das Blatt weitergereicht.
In den folgenden Runden werden die Texte ca. 5 Min. fortgesetzt und jeweils wie beim Anfang so nach hinten geklappt, daß nur der letzte Satz zu sehen bleibt.
3. „Tempotext":
Jeder beginnt eine Geschichte und schreibt 10 Min. Danach wird zum Fortsetzen weitergereicht. Schreibzeit diesmal nur 8 Min. Die folgenden Schreibzeiten sind noch kürzer: erst 6 Min., dann nur noch 3 Min. Den Abschluß kann die Person schreiben, die den Text begonnen hat (maximal 5 Min.).

Gruselgeschichte

ab Jg. 5, 3er–6er Gr.

Anleitung 1. Jedes Gruppenmitglied bekommt drei kleine Zettel und schreibt auf den ersten: Stichworte über eine normale Situation in der Nacht (Ausgangslage),
auf den zweiten: eine Wahrnehmung, die etwas Gruseliges andeutet (z.B. unheimliche Geräusche, nicht erklärbare Worte, eine unerwartete Bewegung).
Auf den dritten Zettel schreibt jeder anschauliche Formulierungen darüber, wie auf das Unheimliche reagiert wird. (Empfindungen, Körperreaktionen, Ausrufe, …).
2. Die Zettel werden auf verschiedenen Plätzen verdeckt abgelegt und verlost. Anschließend verarbeitet jeder die drei Bausteine in einer Gruselgeschichte.
Tips zum Aufbau: „Erprobe eine Geschichten-Grammatik", s. S. 48.

Streiche erzählen

Besonderen Spaß machen die Streiche, mit denen einem „unangenehmen" Menschen – z.B. einem Angeber – eine gerechte Lektion erteilt wird. In dieser Übung sollen gemeinsame Bausteine für eine Erzählung nach dem „Revanchemuster" zusammengetragen werden.

Anleitung 1. Jeder schreibt auf einen Zettel eine Figur, der ein Streich gespielt werden soll, und begründet kurz *warum*.
2. Die Zettel werden in der Runde herumgereicht und erhalten von jedem Gruppenmitglied Vorschläge darüber, *wer* den Streich durchführen soll und *wie* dieser aussehen sollte.
3. Wenn du deinen Zettel zurückbekommen hast, wählst du einen Vorschlag aus und schreibst eine Streich-Erzählung.
Tips zur Darstellung: Denke daran, daß der Grund für den Streich, die Ausgangslage, deutlich herausgestellt wird, denn nur dann wird die Darstellung des Streichs und seiner Folge den Lesern und Leserinnen Vergnügen machen.

Die köstliche Leiche trinkt ...

Kennt ihr das Schreibspiel „Onkel Otto sitzt in der Badewanne und ...?" Woher diese Übung kommt und welche Möglichkeiten sie für daran anschließendes Kreatives Schreiben bietet, ist aber sicher weniger bekannt:

Herkunft Um 1925 gab es in Frankreich eine Schriftstellergruppe um André Breton, die „Surrealisten", die experimentelle neue Schreibweisen erprobten. Ihr Lieblingsspiel soll das in der Überschrift angesprochene „Le Cadavre exquis" gewesen sein.

Sinn Nach einem vorgegebenen Satzmuster werden die einzelnen Satzteile von verschiedenen Personen, die den Zusammenhang nicht kennen, ausgefüllt. So entstehen überraschende Satzgebilde, die als Bausteine für Texte genutzt werden können.

Einsatz- • Zum Spaß am gemeinsam erzeugten Un-Sinn,
möglichkeiten • zur Inspiration für surrealistische Texte (ab Jg. 9).

Anleitung 1. In die erste Zeile eines quergelegten Blattes wird, gut verteilt, ein Mustersatz geschrieben. Danach wird das Blatt durch senkrechte Striche oder Faltungen so aufgegliedert, daß jeder Satzteil für sich in einer Spalte steht. Wir wählen hier den bekannten Satz mit sechs Spalten:
Onkel | Otto | sitzt | in der | Badewanne und | liest.
2. Zunächst schreibt jeder in die erste Spalte eine Kennzeichnung der Hauptfigur, z.B. ein Familienmitglied (s.o. Onkel) oder eine Berufsbezeichnung oder einen Hinweis auf eine Gruppenzugehörigkeit (z.B. der deutsche Tourist). Danach wird die erste Spalte nach hinten geklappt und das Blatt in der Runde weitergegeben.
Dann geht es entsprechend weiter: dem Mustersatz folgend jeweils eine Spalte ausfüllen, nach hinten klappen und weitergeben. Wenn die Blätter voll sind, wird vorgelesen. Vorher darf nicht nachgesehen werden.
3. (ab Jg. 8, 2er Gr. oder E.)
Jedes Gruppenmitglied sucht von seinem Blatt einen Satz aus. Die ausgewählten Sätze werden von allen aufgeschrieben und müssen als Bestandteil eines Textes verarbeitet werden.

Überschriften-Wahl

ab Jg. 5, mindestes 4er Gr.

Anleitung 1. Jeder schreibt auf einen Zettel drei Überschriften, die Spannendes, Witziges oder Persönliches ankündigen (z. B. „Rache am Kanal", „Reingefallen", „Der erste Kuß").
2. Die Zettel werden in der Gruppe herumgereicht und jeder gebeten, die Überschrift, die am meisten interessiert, mit einem senkrechten Strich zu kennzeichnen.
Wenn du deinen Zettel zurückbekommen hast, rahmst du die beliebteste Überschrift ein und beginnst, dazu eine Geschichte zu schreiben.

Variation In weiteren Rundläufen können von den Gruppenmitgliedern zu der Überschrift passende Einfälle aller Art eingebracht werden (z. B. Angaben über Personen, Orte, Anfangssätze, Schlußsätze).

Typen

ab Jg. 6, 6er Gr.

Anleitung 1. Zeichne auf die linke Seite eines leeren Blattes mit großem Abstand vier Typen mit unterschiedlichem Gesichtsausdruck, z. B. grimmig, ängstlich, traurig, fröhlich, … (Ihr könnt auch andere verabreden.)
2. Der Zettel wird mit folgender Bitte in der Gruppe weitergereicht: „Schreibe neben jedes Gesicht einen Gedanken, den diese Figur im Moment haben könnte".
3. Wenn du nach einer Gruppenrunde deinen Zettel wiederbekommen hast, wähle drei Figuren und drei Sätze aus, und verarbeite sie in einer Geschichte.

Klatschblattgeschichte

ab Jg. 6, 6er Gr. oder größer

Dieses Schreibspiel – es läßt sich auf ein altes Gesellschaftsspiel zurückführen – gehört neben der „Brief-Lawine" zu den beliebtesten. Das liegt sicher daran, daß dabei ohne großen Aufwand gemeinsam überraschende und witzige Texte produziert werden.

Anleitung 1. Zur Vorbereitung teilt jedes Gruppenmitglied ein leeres DIN A4-Blatt durch Querstriche in 7 etwa 4 cm breite Streifen auf.
2. In der ersten Runde erfindet jeder eine weibliche Figur und schreibt in den ersten Streifen: den Namen dieser Figur, ihr Alter, ein bis drei Eigenschaften. Danach wird der Streifen so nach hinten geklappt, daß man den Text nicht lesen kann, und dann nach links für den nächsten Schreibauftrag weitergereicht. Fortsetzung für die nächsten Runden:
Zweiter Streifen: Erfinde eine männliche Figur. (Danach wird der Zettel jeweils weitergereicht.)
Dritter Streifen: Wo treffen sie sich? (überschaubarer Raum, z. B. Fahrstuhl im Kaufhaus)
Vierter Streifen: Was sagt sie zu ihm?
Fünfter Streifen: Was sagt er zu ihr?
Sechster Streifen: Was passiert dann?
(**Variationen** könnt ihr selbst erfinden, z. B. statt 4. und 5. wie oben: „Welches Problem haben sie miteinander?", dann: „Wer kommt vorbei?" usw.) Am Schluß behält jeder den Zettel mit der letzten Eintragung. Wenn ihr wollt, könnt ihr jetzt schon einmal die verschiedenen Beiträge auf eurem Zettel vorlesen.

Aufgabe Verarbeite alle Bausteine zu einer richtigen Klatschblattgeschichte. Die wörtlichen Redeteile und der Schluß sollen wörtlich übernommen werden.

Happy end oder ...?

ab Jg. 7, 2er Gr.

Anleitung   1. Denke dir eine Konfliktsituation, die du selbst kennst, und schreibe dazu den Anfang einer Geschichte. Aber nur soweit, daß die Hauptperson kurz vor einer Entscheidung steht (Schlußsatz z.B.: „Was sollte sie/er nur tun?").
2. Wie die Hauptperson sich entscheidet, soll dein/e Nachbar/in sich ausdenken.
3. Wenn der erste Schluß fertig ist, wird noch einmal gewechselt. Die neue Fortsetzung soll nun im Gegensatz zur ersten geschrieben werden.

Zufallstext

ab Jg. 7, 6er Gr. oder größer

Manchmal sind Zufälle keine Überraschung, weil sie für uns lange fällig waren. (Max Frisch). Hier aber kommen sie gleich gebündelt. Auf den ersten Blick scheint es vielleicht unmöglich, daraus eine zusammenhängende Geschichte zu schreiben, dann aber schaltet sich die rechte Gehirnhälfte dazu (s. S. 6), und „ab geht die Post".

Anleitung   1. Jedes Gruppenmitglied bekommt vier kleine Zettel, – möglichst verschiedenfarbig – auf die folgende Bausteine für einen Zufallstext geschrieben werden sollen:
– eine Person aus Märchen, Krimi oder anderer Literatur mit einigen Eigenschaften,
– einen Ort mit kurzer Beschreibung (z.B. Telefonzelle neben der Schule),
– einen Schicksalsschlag (wird z.B. immer dicker/dünner) oder einen Konflikt (z.B. in aussichtsloser Lage).
– (Kann für Anfänger auch weggelassen werden!) Hier wird noch eine besondere „Schikane" eingebaut bzw. aufgeschrieben: z.B. eine Angabe über Textsorte oder -stil (z.B. Märchen, science fiction, Krimi, Liebesgeschichte, Beichte, ... langatmig, telegrammartig, ... Oder: unerwartete Zufallswörter, z.B. von S. 27 dieses Buches das erste Verb).
2. Wenn alle ihre drei bzw. vier Zettel beschrieben haben, werden diese ganz klein zusammengefaltet („dann ist es nachher spannender") und auf drei bzw. vier Häufchen sortiert abgelegt. Danach zieht jeder von jedem Haufen einen Zettel und schreibt mit diesen Bausteinen seinen Text.

Text-Rezepte

ab Jg. 9, 3er–8er Gr.

Anregung: Mechthild Uhle

Hier soll nach dem Muster von Kochrezepten die Kunst, besonders „leckere" Texte zu schreiben, vermittelt werden.

Anleitung   1. Jeder schreibt ein Text-Rezept, aus dem hervorgeht, welche Zutaten gebraucht werden und wie sie verarbeitet werden sollen (z.B. „Man nehme drei Figuren, die ..., einen Ort, an dem ..., einen Zufall, der ..., bringe in kurzen abgehackten Sätzen zum Ausdruck, daß ..., und schließe mit ...").
2. Die Rezepte werden verlesen und nach Wahl oder nach Verlosung zu Texten verarbeitet.
3. Wer gerne Rezept-Regeln durchbricht, schreibt einen Text mit einer eingebauten Panne (z.B. einem Stilbruch).
Zum Training des Stilgefühls der Hörer/innen kann daraus eine Suchaufgabe gemacht werden.

Kennenlern-Interview

ab Jg. 5, 2er Gr.

Besonders geeignet für neu zusammengestellte Kurse oder Klassen, aber auch für vertrautere Gruppen.

Anleitung   1. Überlegt euch in der Großgruppe Fragen, die helfen können, eine Person kennenzulernen. Beispiele: Wohin würdest du am liebsten verreisen? Welches Buch würdest du mir empfehlen? Welche Sportart findest du am interessantesten? Alle ausgewählten Fragen werden numeriert und von allen aufgeschrieben.
2. Interviewt euch anschließend in 2er Gruppen. Schreibt alle Antworten mit der entsprechenden Nummer auf.

Variation   Eine offenere Personen-Erkundung sieht so aus:
A fragt zunächst B sechsmal: „Wer bist du?" und B antwortet dreimal: „Ich bin ein Mensch, der gerne …" und dreimal „Ich bin ein Mensch, der ungern …"
Anschließend werden die Rollen getauscht. Die Antworten werden jeweils von den Interviewern aufgeschrieben.
3. Stellt euch gegenseitig mit Hilfe der aufgeschriebenen Antworten in der Großgruppe vor.

Kennt ihr mich wirklich?

ab Jg. 5, 6er Gr. oder größer

oder: Metaphern-Porträt

Für *jüngere* Schülerinnen und Schüler: Es geht um ein Ratespiel, bei dem sich die Gruppenmitglieder besser kennenlernen können. Die folgenden Erklärungen könnt ihr überspringen. Weiter geht es mit der Anleitung.
Für *ältere* bzw. hintergrundinteressierte: Eine Metapher ist ein verkürzter Vergleich, bei dem das, was durch ein Bild veranschaulicht werden soll, gleichgesetzt wird mit dem Bild (Beispiel: Die Siegerin im 100 m-Endlauf *ist* eine Gazelle.).
Der Reiz der Übung besteht darin, daß jedes Gruppenmitglied sich mit Hilfe von passenden Metaphern verschlüsselt selbst charakterisiert und dann die Gruppe versuchen soll, die anonym abgelegten Selbstporträts den Urhebern zuzuordnen.
Zunächst reizt die Frage: Wer verbirgt sich denn nun hinter den Metaphern? Über diesen Ratespiel-Spaß hinaus bietet die Übung aber auch Anlässe, über Selbsteinschätzungen und Fremdeinschätzungen ins Gespräch zu kommen. Dabei könnt ihr euch neu, anders oder auch besser kennenlernen.

Anleitung   Stelle dir vor, du kommst nach einer Wiedergeburt verwandelt auf die Erde zurück.
Was wärst du als:
Tier?   Pflanze?   Landschaft?   Getränk?
Speise?   Möbelstück?   Fahrzeug?   Raum oder Gebäude?
Schreibe deine Bilder, ohne deinen Namen zu nennen, auf einen Zettel.

Auswertungs-
möglichkeiten

1. Für Gruppen, in denen alle meinen, sich schon zu kennen: Legt eure Blätter mit dem Text nach unten in die Mitte, verlost sie, und lest sie einzeln vor.
Nach jedem Vorlesen soll die Gruppe raten, zu wem das Metaphern-Porträt paßt. Laßt euch Zeit dabei und fragt, wenn euch etwas wundert (z. B. „Warum meinst du, daß zu mir Tretroller paßt?" oder „Warum soll zu mir Tiger nicht passen?").
2. Bei Gruppen/Klassen, die neu zusammengesetzt sind, empfiehlt es sich, in 2er Gruppen auszuwerten: Tauscht die Blätter, und lest sie. Nachfragen und Erläuterungen helfen, die Porträt-Aussage besser zu verstehen. Anschließend stellt jeder in der Großgruppe seinen Partner oder seine Partnerin vor.
3. Verarbeite die Bausteine deines Metaphern-Porträts in einem Text (z. B. „Delphin-Ich/inmitten der Kiefern/Wo ist meine Palmenbucht? ...").

Wer weiß weiter?

ab Jg. 5, 6er Gr.

oder: Themen brauchen Einfälle

Manchmal denke ich: „Zu diesem Thema müßtest du eigentlich mal etwas schreiben", aber dann fehlt der richtige Anstoß und irgendwann ist der Vorsatz wieder weg. Falls es dir auch schon einmal so ergangen ist, wird dir die folgende Übung gefallen, denn du bekommst Anregungen von deiner Gruppe.

Anleitung

1. Schreibe an den linken Rand eines leeren Blattes mit großen Abständen 5–10 Themen, über die du immer schon mal schreiben wolltest, z. B. aus den Bereichen: Schule, Freundschaft, Freizeit, Tierschutz, Gesellschaft.
Reiche danach den Zettel im Uhrzeigersinn weiter.
2. Schreibe zu den Themen auf dem neuen Zettel alles auf, was dir zu ihnen einfällt, z. B. eine Person, ein Zitat, eine Leseempfehlung, einen Vorschlag zur Textgestaltung, ...
Nach ca. 5 Min. Denk- und Schreibzeit wird jeder Zettel weitergereicht, und zwar so lange, bis alle zu ihren Ausgangspunkten zurückgekommen sind.
Was du mit den vielen Anregungen machst, entscheidest du selbst.

Textvorschläge

(ab Jg. 5) Eine Erzählung mit viel wörtlicher Rede.
(ab Jg. 8) Ein Streitgespräch oder ein Leserbrief.
(ab Jg. 10) Eine engagierte Rede (vielleicht nach dem Muster des „Fünfsatzes", s. S. 66) oder ein Artikel für die Schülerzeitung.

Wunschzettel

ab Jg. 6, E. oder Gr.

Anleitung

Schreibe an Mitschüler/innen kleine Zettel, auf denen steht, was sie deiner Meinung nach „mal schreiben sollten" (z. B. einen Liebesbrief an dich oder die Geschichte über ihren Unfall). Oder so: „Schreib' doch mal für eine deiner bekannten Horror-(Liebes-)geschichten einen Schluß mit viel Liebe (Horror)."
Wenn du willst, kannst du auch Anregungen mit aufschreiben.

„Entschuldigung, ich ..."

Wer von uns hat nicht schon in bestimmten Situationen verzweifelt nach Entschuldigungen oder überzeugenden Ausreden gesucht? Dieser Notlage wird durch das folgende „Ernstfalltraining" vorgebeugt.

Anleitung

1. Runde: Schreibe fünf Situationen auf (normale und unnormale), in denen Entschuldigungen gebraucht werden. Verwende dafür ein leeres Blatt, und laß zwischen den numerierten Situationsangaben jeweils fünf Zeilen Platz. Gib danach dein Blatt nach links weiter.

2.–5. Runde: Die vorgestellten Situationen werden gelesen und dazu jeweils in Kurzform mögliche Entschuldigungen aufgeschrieben. Die Entschuldigungen können überzeugend echt wirken oder so geistreich erfunden sein, daß sich dein Gegenüber über deine Phantasie freut und darum ent – schuldigt (z. B. „Ein Geldtransport mit lauter Markstücken ist auf der Holsteiner Chaussee umgekippt. Ich habe beim Aufsammeln geholfen und durfte diese Mark behalten!").

Falls der Platz zu knapp wird, schreibe auf der Rückseite weiter. Wenn dir zu den einzelnen Situationen nichts einfällt, übergehe sie.

Weitere Verwendungsmöglichkeiten

1. Von den vorgestellten Situationen und Entscheidungen wird jeweils eine ausgesucht (leichte Veränderungen sind zugelassen) und in einem 20 Min.-Text verarbeitet.

2. Wenn ihr wollt, könnt ihr die besten Ergebnisse vervielfältigen und an Freunde verschicken.

Wie im wirklichen Leben kommt aber auch hier noch etwas Überraschendes dazwischen, das im Text eine Rolle spielen soll. Zur Auswahl: Schere, Eichhörnchen, Foto.

Rette sich, wer kann!

oder: Wer argumentiert am überzeugendsten?

Reiz und Schwierigkeit

In dieser Übung geht es nicht um ein spielerisches Miteinander, sondern um den „Kampf ums Überleben". Dabei muß man sich argumentierend oder manipulierend gut „verkaufen" können, um mehr Chancen zu haben als die anderen. Um genauer zu sein, nicht du selbst, sondern dein erfundenes (fiktives) Ich muß versuchen, sich durchzusetzen.

Anleitung

Ein Wissenschaftler-Team hat zu Forschungszwecken einen Ballon mit Personen, die für die Menschheit wichtig sind, in die Höhe geschickt. Du gehörst mit deiner Gruppe zu den Ausgewählten.

1. Versetze dich in eine Figur, deren Überleben für die Menschheit unverzichtbar ist oder sich als unverzichtbar darstellen läßt. Du kannst dich dabei ernsthaft engagieren oder auch nur zum Spaß vorgehen. Wie wäre es zum Beispiel als Politiker, Forscherin, Arzt/Ärztin, Lehrer, Mutter, ... oder als Bundestrainer, Entertainer, Programmdirektorin beim Fernsehen, Müllmann, Gummibärchen?

Doch kaum habt ihr eure Positionen bezogen, droht das gesamte Experiment zu scheitern: Der Ballon sinkt! Das Forscherteam gibt per Telefax die Anweisung, zunächst zwei Personen über Bord werfen zu lassen, damit der Ballon wieder steigt.

2. Um in der dafür verantwortlichen Bodenstation eine sachgerechte Entscheidung treffen zu können, werden alle Personen im Ballon aufgefordert, ihre Bedeutung für die Menschheit per Telefax zu begründen. Dafür stehen genau 7 Min. zur Verfügung.

Nach 7 Min. werden alle Texte, ohne die Urheber zu verraten (!), an das Forscher-team (Nachbargruppe) weitergeleitet, dort beurteilt und die ersten zwei Personen ausgewählt.

Eure Gruppe ist umgekehrt für die Nachbargruppe das entscheidende Forscher-team.

Fortsetzungen bis zum „grausamen Ende" sind möglich. Dann verkürzt sich aber die Schreibzeit auf 5 und 3 Min.

Auswertung In beiden Gruppen sollte – zunächst getrennt, dann vergleichend zusammen – dar-über nachgedacht werden, woran es gelegen hat, daß verschiedene Texte im Hin-blick auf das Ziel mehr oder weniger erfolgreich waren.

Gesprochen werden sollte auch über Beobachtungen bei anderen und über eigene Gefühle während und nach der Übung.

Brief-Lawine

ab Jg. 5, 6er Gr. oder größer

Anregung: Joachim Fritzsche

Dieses Schreibspiel solltet ihr spätestens in der nächsten Vertretungsstunde aus-probieren; denn es macht Spaß und beschäftigt alle.

Anleitung 1. Denke dir eine berühmte Figur, aus deren Perspektive du gerne einmal schreiben würdest (z. B. Asterix, Pippi L., Modeschöpferin, Filmstar, Bundestrainer, Bundes-kanzler, …).

Der Name dieser Figur wird für andere deutlich lesbar auf eine Tischkarte geschrie-ben.

2. Suche dir von allen Prominenten, die sich deine Mitschüler/innen gewählt ha-ben, einen aus, und schreibe ihm – z. B. als Asterix – einen kurzen Brief mit der Bitte um eine Antwort. Danach schreibst du an eine zweite, dritte Figur oder beant-wortest einlaufende Briefe von anderen. (Absender und Adresse nicht vergessen!)

Und so weiter und so weiter bis zum Ende der Stunde, des Tages oder darüber hin-aus.

Weitere 1. Es wird zu Beginn des Schreibens festgelegt, um welche Art von Briefen es sich
Möglichkeiten handelt, z. B. Wünsche, Beschwerden, Anfragen, …

2. Es könnten auch Briefe mit den Antwortschreiben in einem Text – evtl. mit einer Rahmenhandlung – verarbeitet werden.

3. Nach einer Schullektüre werden die Figuren, die darin eine Rolle spielen, aufge-teilt und andere dazu erfunden. In den Briefen könnte dann z. B. gefragt werden, warum sich eine Figur aus der Lektüre so und nicht anders verhalten hat.

Kontaktanzeigen

Es gibt Menschen, die lesen in Zeitungen am liebsten Kontaktanzeigen — nicht, weil sie selbst eine neue Beziehung suchen, sondern weil sie mehr über andere Menschen erfahren wollen: über das, was sie wünschen und wie sie sich selbst darstellen.

Noch interessanter ist aber, was nicht in diesen Anzeigen geschrieben ist, sondern dahinter stehen könnte. In den folgenden Aufgaben kommt dementsprechend unser „Möglichkeitssinn" (Robert Musil) zum Zug.

Schreib-vorschläge

1. Suche dir eine Anzeige, die dich neugierig macht, und schreibe einen möglichen Antwortbrief. Dabei kannst du dein Alter beliebig wählen. Unterschreibe mit einem anderen Namen.

2. (6er Gr.) Innerhalb der Gruppe werden die ersten Briefe möglichst anonym verlost und dann dazu wiederum Antwortbriefe geschrieben.

3. (2er Gr.) Sucht euch zu zweit — möglichst ein Mädchen und ein Junge — eine Anzeige aus, die euch gemeinsam interessiert. Legt den Ort und Zeitpunkt für ein erstes Treffen fest, und schreibt dann getrennt aus der Sicht jeweils einer Person über die Gedanken, Überlegungen, Hoffnungen, Befürchtungen unmittelbar vor dem Zusammentreffen.

4. Schreibe aus der Sicht einer Person an deinen/e Freund/in über das erste Zusammentreffen und über deine weiteren Pläne.

5. Schreibe aus der Perspektive der Freundin/des Freundes, wie sich diese Beziehung entwickeln könnte.

6. (6er Gr.) Jeder schreibt anonym mit Code-Wort eine eigene Kontaktanzeige. Wenn alle fertig sind, werden die Anzeigen von einer Person verlesen.

Danach schreibt jeder einen Antwortbrief auf die Anzeige, die ihm am besten gefallen hat.

Die Übungen in diesem Kapitel fordern auf, bekannte Sprachregeln und -normen spielerisch anzuwenden, zu verändern oder kreativ neu zu erfinden.

Was hier erprobt wird, stärkt einerseits das Verständnis für festgesetzte Vorschriften und Gewohnheiten, macht außerdem Spaß und hilft vor allem, den „Möglichkeitssinn" zu entwickeln. Man erfährt dabei, daß von Menschen gemachte Regeln auch von Menschen verändert werden können. Diese Erfahrungen können auch in anderen Bereichen helfen, wenn z.B. bei Problemen scheinbar unüberwindbare Grenzen mutig überschritten werden müssen und nur unübliche Lösungen weiterhelfen.

Abecedarien

ab Jg. 5, 4er–8er Gr. oder E.

Anregung: Gundel Mattenklott

Bei diesem Schreibvorschlag geben die 26 Buchstaben des Alphabets Anstöße, Wörter zu sammeln, mit denen dann gereimte Texte verfaßt werden sollen.

Anleitung 1. Wählt zunächst in der Gruppe einen Rahmen, z.B. Botanischer Garten oder Zoo oder Supermarkt oder ...

Ihr könnt auch von Sätzen wie den folgenden ausgehen: „Was wir gerne essen" oder „Wohin wir gerne reisen würden".

Schreibt dann das Thema als Überschrift in die erste Reihe eines DIN A4-Blattes und an den linken Rand jeder folgenden Zeile von oben nach unten alle Buchstaben des Alphabets.

2. Sammelt in der Gruppe zu allen Buchstaben möglichst viele gleich anfangende Wörter, die in den verabredeten Rahmen passen. Also z.B. zu Zoo möglichst viele Tiere, die mit A anfangen, dann mit B usw.

Am schnellsten geht das, wenn ihr euch die Einfälle mündlich mitteilt und alle sie auf ihrem Blatt festhalten. Ihr könnt aber auch jeder für sich die Einfälle schriftlich sammeln, dann vorlesen und ergänzen lassen.

3. Anschließend schreiben alle allein oder zu zweit eine „Abecedarie": Folgt dabei dem Alphabet, und verarbeitet in derselben Reihenfolge Teile eures gesammelten Wort-Schatzes zu gereimten Sätzen. (Wenn ihr wollt, könnt ihr auch auf die Reime verzichten.)

Beispiel: „Wir wollen nach **A**ustralien fliegen/und dort am Strand von **B**risbane liegen./Auch **C**hile wäre gar nicht schlecht/und **D**änemark wär' uns auch recht./Schön wäre auch ..."

Zauberwort

Anleitung   1. Schreibe die Anfangsbuchstaben der Vor- und Nachnamen aller Gruppenmitglieder auf (bei großen Gruppen nur die der Vornamen).
2. Bilde daraus ein geheimnisvolles Zauberwort (z. B. URKSKANFASEK). Falls Vokale fehlen, dürfen ein bis zwei „ausgeliehen" werden.
3. Anschließend werden die Blätter in der Runde herumgegeben und jeder gebeten aufzuschreiben, woran ihn dies Wort erinnert (z. B. ein neugieriges Wesen vom Mars).
4. Dieses Wort wird nun zur Überschrift für einen Text (15–20 Min.), in dem du Anregungen der Mitschüler/innen verwerten kannst, aber nicht mußt.

Lauter Laute

Anleitung   1. Jeder wählt einen Vokal aus (z. B. a, e, o) und sammelt zunächst für sich möglichst viele Wörter, in denen nur dieser Vokal vorkommt.
(*Variation:* Es werden Wörter gesammelt, die alle mit demselben Laut anfangen, z. B. Geld, Grips, Glück. Der Fachbegriff hierfür heißt „Alliteration" oder „Stabreim".)
2. Nach der ersten Sammelphase werden die Wortsammlungen vorgelesen und nach Vorschlägen der Gruppenmitglieder ergänzt.
3. Jeder schreibt den Anfang eines gedichtähnlichen Textes mit kurzen Zeilen, z. B. so:
O, Trollo, komm doch!/Wo rollt Lollo noch?/Los, Trollo!/Stop Schrott!
Nach etwa 5 Min. werden die Textanfänge zur jeweils dreizeiligen Fortsetzung mit demselben Laut in der Gruppe weitergereicht und am Schluß von der Person, die den Anfang geschrieben hat, abgeschlossen und vorgelesen.

Reim-Häufung

Anleitung   Hier werden zu einem geeigneten Ausgangswort (z. B. Geier, Mauer, lassen, laufen, Liebe, Lieder, bunt, hat, Zahl, Schnee, gehen, du, wir) möglichst viele Reimwörter gesammelt und zu Gedichten verarbeitet, z. B. so: Bei Mondschein liegt der Bauer/ ganz heimlich auf der Lauer/und wird allmählich sauer ...
Einzelne Reime dürfen auch wiederholt werden. Ihr könnt bei der Übung vorgehen, wie es unter „Lauter Laute" beschrieben ist.

Reim-Ketten

Beim gemeinsamen Schreiben von Gedichten mit „Kettenreimen" ist es nicht ganz leicht, die einzelnen Beiträge aufeinander zu beziehen. Zugleich macht es aber auch Spaß zu sehen, wie sie miteinander verkettet werden, ähnlich wie die Reime, die nach folgendem Schema angeordnet werden sollen:
aba/bcb/cdc/ded/ ...
Dabei stehen die gleichen Buchstaben für sich reimende Wörter am Zeilenende.
(Etwas leichter zu erfüllen ist das Schema: aab/bbc/ccd ...)

Anleitung Jeder schreibt den dreizeiligen Anfang eines Gedichts, bei dem die 1. und die 3. Zeile durch einen Reim (siehe unten a) verbunden sind. In der mittleren Zeile steht am Schluß ein andersklingendes Wort (b), z. B. so:

Ein Hündchen, das sich gerne trollte, (a)
lag einsam auf 'ner Eisenbank. (b)
Doch lieber es Gesellschaft wollte (a)

Danach wird zur dreizeiligen Fortsetzung weitergereicht. Das freie Reimwort (b) bestimmt nun den Schluß der 4. und 6. Zeile. In Zeile 5 taucht ein neues Reimwort auf (c), z. B. so:

Warum kommt keiner hier entlang? (b)
Gestern waren wir noch vier. (c)
Sind sie etwa alle krank? (b)

Setzt das Gedicht dem Schema entsprechend fort.

Geheimsprache

ab Jg. 5, 2er Gr.

oder: Was fhlt dnn da?

Anleitung Was hier fehlt, habt ihr sicher leicht herausbekommen. Könnt ihr aber auch einen kleinen Text schreiben, in dem ein besonderer Buchstabe fehlt? Das ist nicht ganz leicht, denn ihr müßt passende Wörter suchen und sich anbietende gern gebrauchte Wörter und Satzbaumuster ersetzen beziehungsweise verändern. Fangt also bescheiden an! Am kniffligsten ist die Aufgabe, wenn ihr Buchstaben wählt, die besonders häufig in unserer Sprache vorkommen (1. Platz: E, 2.: N, 3.: R, 4.: I). In den letzten 3 Sätzen findest du übrigens 38 mal das E! Es gibt sogar ein ganzes Buch, das ohne E geschrieben ist. (Georges Perec: Anton Voyls Fortgang. Reinbek bei Hamburg: rororo 1991)

Silben-Familie

ab Jg. 9, E.

Anregung: Ingeborg Meckling

Anleitung 1. Sammle möglichst viele Wörter, die eine gemeinsame Silbe haben, z. B. „-mach-", „-fall-", „-folg-", „ver-" oder „zer-".
2. Schreibe anschließend einen zusammenhängenden Text oder ein Gedicht, in dem möglichst viele dieser Wörter vorkommen.

Kalbsbrust anders

Jg. 7, E. oder Gr.

Das beliebte Schreibspiel „Gefüllte Kalbsbrust" wird hier zur Worterfindungsmethode umfunktioniert.

Anleitung 1. Schreibe auf einem linierten Blatt die Buchstaben des Wortes *Kalbsbrust* an den linken Rand von oben nach unten und an den rechten von unten nach oben übereinander.

K ————— T
A ————— S
L ————— U
B ————— R
S ————— B
B ————— S
R ————— B
U ————— L
S ————— A
T ————— K

24

2. Jetzt wird die Kalbsbrust mit *erfundenen* – möglichst schön klingenden Wörtern gefüllt. Die Wortlänge ist beliebig. Das erste muß mit K anfangen und mit T aufhören, das zweite, dritte ... entsprechend mit A und S bzw. L und U. Bei den Worterfindungen kannst du bekannte Wörter ungewöhnlich zusammensetzen (z.B. Kinderwatt) oder ganz neue konstruieren (z.B. Kalbofat).

3. Wenn alle in der Gruppe fertig sind, werden die Lösungen vorgelesen, und zwar zunächst alle zu K und T, dann alle zu A und S usw.

4. Verarbeite drei besonders schön klingende Wörter – von dir oder den anderen – zu einem Gedicht (s. S. 58 ff.).

Blechdosen > Dosenlehrer > Lehrerteich

ab Jg. 5, 3er–6er Gr. oder E.

oder: Wortketten ziehen uns

Gehe von einem zusammengesetzten Nomen (Kompositum) aus, und bilde nach dem Muster der Überschrift eine Wortkette. Fange ganz normal an, z.B. Spiel*regel*, *Regel*fall, Fallhöhe, Höhenmesser, ... und laß dich dann durch die Wortkette mehr und mehr ins Reich der Phantasiewörter ziehen: Messerbauch, Bauchlasche, Laschenkinder, ...

Nach 10–15 Min. Schreibzeit werden die Wortketten in der Gruppe vorgelesen.

Verarbeitungs-möglichkeiten
1. Unterstreiche in deiner Sammlung die 10 interessantesten Wörter, und schreibe dazu je einen Satz. Danach kannst du die Reihenfolge der Sätze nach Bedarf ändern und durch kleine Verbindungen einen außergewöhnlichen Text „basteln".

2. Jedes Gruppenmitglied diktiert für alle zum Mitschreiben sein Lieblingswort. Die 3–6 Wörter sind nun Bausteine für 20 Min.-Texte. Darin können die Inhalte – den Wörtern entsprechend – von der Normalwelt abgehoben sein.

Zeitlebens zeitlos

ab Jg. 9, E.

oder: Wortfamilien

Anleitung Wähle ein Stammwort, zu dem du – evtl. mit Hilfe eines Wörterbuches – viele abgeleitete oder zusammengesetzte Wörter oder auch Redewendungen finden kannst (Vorschläge: gesund, krank, Geist, Körper, laufen, Verein, Zeit). Schreibe dann einen Text, in dem diese Wörter extrem gehäuft vorkommen.

Nichts ist untödlich ... Coyota!

ab Jg. 5, E. oder Gr.

Anleitung 1. Bei dem ersten Teil der Aufgabe sollen zunächst einmal möglichst viele *Werbesprüche* zusammengetragen werden.

2. Für den zweiten Teil braucht ihr Witz und Spaß am „Verulken": Verdreht die Botschaft eines Werbespruches, indem ihr bei der inhaltlichen Aussage kleine Veränderungen vornehmt. Die Form (Klang, Reim, Rhythmus, ...) soll aber zum Wiedererkennen erhalten bleiben.

Beispiele: „Triefi: Aufreißen, reinbeißen, wegschmeißen",
          „Vau weh: Er säuft und säuft und säuft."

3. Wenn ihr auf diese Weise mehrere Sprüche parodiert habt, solltet ihr sie in einem Text zusammenmontieren. Dabei die Reihenfolge durchdenken! Besonders reizvolle zur Verstärkung wiederholen, und evtl. Teile von Sprüchen oder Markennamen vermischen.

Streng geheim!

Anregung: Jürgen Baurmann

Hast du noch keine **Geheimschrift**, die nur dein Freund oder deine Freundin zu lesen versteht? „Ohn vrbrdt Rgln könnt ihr s br nicht schffn!"

Habt ihr rausgekriegt, mit welchem Code (Schlüssel), dieser Satz zu knacken ist? (zur Hilfe: s. u. Punkt 3).

Eurer Phantasie sind keine Grenzen gesetzt. Ihr könnt aber auch folgende Möglichkeiten erproben:

Anleitung
1. Übertragen der Buchstaben in nichtsprachliche Zeichen (Bilder für Buchstaben oder Zahlen, z. B. a = 1, b = 2, c = 3 usw. oder versetzt c = 1, d = 2, e = 3).
2. An- oder Einfügen von Buchstaben oder Silben (z. B. nach jedem Vokal „*do*" einfügen: „Ve*do*rsta*do*nde*do*n?").
3. Weglassen von Buchstaben (im Beispielsatz oben: a und e)
4. Ersetzen von Buchstaben durch andere (z. B. *i* für alle Vokale: „*Iinfich, idir*?" oder komplizierter: Rollentausch von *e* und *a* und *n* und *r*: „*ellas klan*?").
5. Wortgrenzen verändern: (Grabsteininschrift: „Oster ben, Oster ben iste wiges verder ben").

Kleiner Test gefällig? „Webenndubu diebieseben Sabatz veberstebehst, dabann bibist dubu gubut." (Auflösung s. o. Pkt. 2)

Schreib-vorschläge
1. Wenn ihr euch zu zweit auf einen Code geeinigt habt, schreibt euch zum Trainieren immer mal wieder kurze Briefchen mit nettem oder wichtigem Inhalt. Um die Sicherheit eurer Geheimschrift zu überprüfen, solltet ihr nicht eingeweihte Leser/innen versuchen lassen, den Schlüssel zu finden. Notfalls Schwierigkeitsgrad steigern, auch wenn der Aufwand größer wird.
2. Schreibe eine Geschichte, in der an einer besonderen Stelle Geheimschrift eine wichtige Rolle spielt. (Anregungen: „Schatzsuche", „Dem Geheimnis auf der Spur?", „Wie komme ich hier raus?" oder eine Liebesgeschichte: „Ich darf dir nicht schreiben, wie ich will") Versuche die Geschichte so anzulegen, daß der Leser bzw. die Leserin unbedingt herausbekommen will, was der Geheimtext bedeutet.

Schüttelreime

Anleitung
1. Legt im Laufe einer Woche eine Sammlung von Wörtern an, die durch „Zurechtschütteln" gleichklingende Reime ergeben. (Beispiele: Finkenstein > stinkenfein, Hängematte > Menge hatte, Vogelmutter > Mogelfutter, Klapperschlangen, Wappentier, Wartezimmer). Fragt auch Erwachsene nach Beispielen.
2. Verteilt durch das Los die verschiedenen Schüttelreimwörter, und schreibt Zweizeiler nach dem Muster:

> „Ich geh' jetzt in den Birkenwald,
> denn meine Pillen wirken bald."

Limericks in Serie

Herkunft
Der Name kommt von einem irischen Gesellschaftslied, in dem in unzähligen Stegreif-Strophen die Abenteuer der Bewohner irischer Städte besungen wurden. 1820 erschien in England eine erste Sammlung. Zahlreiche Schreibwettbewerbe in Zeitungen und Zeitschriften folgten und beschleunigten den Siegeszug dieser Nonsens-Kurz-Gedichte durch die ganze Welt.

Der fünfzeilige Limerick beginnt oft mit einer Ortsangabe, dann wird eine komische Situation vorgestellt und mit einer Pointe in der Schlußzeile beendet.

> Ein púmmliger Kóch aus Ríga,
> der spíelt in der Búndeslíga,
>   doch níe fiel ein Tór,
>   sein Báuch war davór,
> und só wurden síe niemals Síga.

Aus dem Muster erkennst du die vorgeschriebene Reimfolge: aabba und auch das übliche „metrische Schema", d.h. den gleichmäßigen Wechsel zwischen betonten und unbetonten Silben (Hebungen und Senkungen). Das hört sich zunächst vielleicht etwas kompliziert an, ist es aber nicht. Denn wenn du das Metrum erst einmal verstanden hast – z.B. durch Mitklopfen beim Vorlesen –, dann spürst du, wie schnell sich das Schema einprägt.

Anleitung Schreibe nach dem Muster nur die erste Zeile eines Limericks, und reiche dein Blatt zur Fortsetzung weiter. Anstatt mit der Ortsangabe kannst du die erfundene Figur auch anders näher bestimmen, z.B. so: „Ein Herr ohne Brille mit Bart."
Jedes Gruppenmitglied schreibt jeweils nur eine Zeile und reicht das Blatt weiter. Wenn ein Limerick fertig ist, wird ein neuer begonnen und entsprechend fortgesetzt.

Sprach-Bilder
ab Jg. 5, E.

Reiz und
Schwierigkeit Sprache neu wahrnehmen und die Bedeutung von Wörtern, Redewendungen und sogar Sätzen durch graphische Gestaltung in einem Schrift-Bild („Ideogramm") veranschaulichen.

Anleitung 1. Suche dir zunächst einzelne Wörter, mit denen sich in deiner Vorstellung ein Bild verbindet. Veranschauliche die Bedeutung des Wortes durch eine besondere zeichnerisch unterstützte Schreibweise, z.B. so:

Das Wort darf für das Wortbild auch wiederholt werden. Wenn dir nicht gleich eigene Wörter einfallen, kannst du auch erst einmal von den folgenden *Vorschlägen* ausgehen:
dünn, eckig, rund, schief, gebogen, schwingend, bergauf, bergab, hügelig, ... zittern, flattern, einengen, erweitern, wachsen, kleinwerden, umfallen, hochspringen, ... Brücke, Grube, Viereck, Gitter, Kreis, Spitze, Ordnung, Unordnung, Explosion, Mauern, Ei, Apfel, ...
Du wirst feststellen, daß sich einige Bedeutungen besonders gut durch Wortwiederholungen veranschaulichen lassen. Probiere es bei den Wörtern Blumenstrauß und Hürdenlauf.
2. Versuche, einen Satz, eine Redewendung oder sogar einen kleinen Text auf diese Weise zu gestalten; dabei muß nicht von allen Wörtern die Bedeutung veranschaulicht werden. Zum Üben ein einfaches Beispiel: „Durch Dick und Dünn ging es bergauf und bergab."

3. Bei der Darstellung einiger Bedeutungen kannst du auch probieren, die Art, Farbe oder die Form des Papiers entsprechend zu gestalten, z.B. rauh, fettig, verbrannt, zerknittert, rosig, maigrün, dreieckig, rund, ...

4. (Gr.) Wenn es dir bisher Spaß gemacht hat, solltest du versuchen, zusammen mit deinen Mitschülern ein *gemeinsames* Sprachbild auf einer großformatigen Unterlage (z.B. Packpapier) herzustellen. Wählt euch dafür einen Gegenstand, der einerseits eine klare Grundform hat, aber auch viele Einzelheiten. Dann habt ihr einen leicht darstellbaren Rahmen, in dem die vielfältigen Ideen der Gruppenmitglieder Platz finden.

Vorschläge: Obstbaum mit Stamm, Ästen, Zweigen, Blättern und Früchten oder Segelschiff mit allem Drum und Dran (die flatternden Fahnen nicht vergessen!).

Wenn alles fertig ist, solltet ihr euer Kunstwerk in der Klasse aufhängen.

Wort-Collagen
ab Jg. 5, 2er–6er Gr. oder E.

Gebraucht werden: Zeitungen, Zeitschriften oder Prospekte, Scheren, Klebstoff.

Reiz
- Die Anziehungskraft einzelner Wörter erleben.
- Sich darüber freuen, wie durch spielerisch erprobendes Kombinieren zu einem neuen Miteinander (!) werden kann, was vorher nichts miteinander zu tun hatte.

Anleitung
1. Jeder sucht aus den mitgebrachten Druckerzeugnissen 7 Wörter aus, die ihm auffallen (nicht nur Nomen), und schneidet sie aus. Dabei können Inhalte, Druckbilder oder der Klang der Wörter den Anstoß geben.

2. In der Gruppe werden die Wörter gezeigt und kurz erläutert, warum sie ausgewählt worden sind. Anschließend muß sich jedes Gruppenmitglied von seinen Wörtern trennen und sie verdeckt auf einen gemeinsamen Worthaufen legen.

3. Nach dem Zufallsprinzip werden 11 Wörter gezogen. Aufgabe für die Gruppe ist es nun, diese Wörter zu einer Wort-Collage zu verarbeiten.

Legt euch nicht zu früh fest, sondern spielt so lange mit Variationen, bis möglichst alle aus der Gruppe dem Ergebnis zustimmen können. Danach könnt ihr durch handgeschriebene Wörter die Collage ergänzen.

Variation
(E.) Nach dem 1. Schritt fertigt jeder eine eigene Wort-Collage an.

Titel-Montagen
ab Jg. 6, 2er Gr. oder E.

Reizvolles Ausgangsmaterial für Textmontagen können Titel von Büchern, Musikstücken, Filmen oder Fernsehsendungen sein.

„Wetten, daß ...?"

Möglich sind auch literarisch anspruchsvollere Fundgruben, z.B. das Inhaltsverzeichnis einer Gedichtsammlung oder Theaterspielpläne. Hier eine kleine Kostprobe vom Hamburger Thalia-Theater: „Im Dickicht der Städte", „Was ihr wollt", „Schöne Bescherung", „Das letzte Band", „Mein Kampf", „Endspiel", ...

Reizvoll ist die Aufgabe vor allem, weil wir einerseits die geistige Vorarbeit anderer nützen können, andererseits aber selbst experimentierfreudig sein müssen, wenn wir die selbständigen „Eigenwelten", die von den Titeln angedeutet werden, in unserer erfundenen Welt zusammenbringen wollen.

Anleitung
1. Schreibe zunächst für dich möglichst viele Titel mit mindestens zwei Wörtern auf. Nimm für jeden Titel nur eine Zeile, und zerschneide anschließend deine Samm-

lung in Titelstreifen. Dadurch bist du bei den folgenden Aufgaben beweglicher, kannst z.B. leichter die Reihenfolge ändern.

2. (Jg. 6–8) Bastelt allein oder zu zweit mit möglichst vielen Titeln eine Geschichte. Kurze Überleitungen sind erlaubt.

3. (ab Jg. 8) Baut allein oder zu zweit ein Montage-Gedicht (s. „Montagen", S. 62 und „Zeilenkompositionen", S. 60). Nur ganz kurze Zwischentexte sind erlaubt.

Dabei kannst du durch eine Titel-Reihung zeigen, wie vielfältig die Welt ist (offene Form). Oder du setzt besondere Akzente, konzentrierst dich z.B. auf einen Titel, der durch Wiederholungen (Anfang, Mitte, Schluß) zeigt, wie eingebunden – oder sogar beherrscht – Einzelteile sein können (geschlossene Form).

Sprichwörter umbiegen
ab Jg. 7, 2er Gr.

Anleitung 1. Schreibe auf die linke Seite einer Seite von drei Sprichwörtern jeweils den Anfang (z.B. „Morgenstunde hat …).

2. Laß danach von deinem Nachbarn Fortsetzungen erfinden, die den ursprünglichen Sinn verändern (z.B. … hat Blei im Arm").

3. Wenn du willst, kannst du zu einem der neuen Sprichwörter einen kleinen Text schreiben.

Gegen-Sätze
ab Jg. 8, E.

Anleitung 1. Erinnere dich an typische Erwachsenen-Sätze (Verbote, Ratschläge, Wünsche, Weisheiten, Sprüche, …), und schreibe sie untereinander auf die linke Seite eines Blattes.

2. Schreibe auf die rechte Seite jeweils GEGEN-SÄTZE in der Ich-Form. Muster: „Ich finde aber …"

3. Stelle dir eine besondere Situation vor, und schreibe einen gedichtähnlichen Dialog, in dem ausgewählte Sätze und ihre Gegen-Sätze vorkommen.

Spielen mit Stilen
ab Jg. 7, 6er Gr. oder E.

Anregung: Raimond Queneau

Reiz und Schwierigkeit Hier könnt ihr spielerisch erproben und erfahren, wie vielfältig ein Ereignis dargestellt werden kann, wenn die Perspektive des Schreibers wechselt oder eine andere Textart gewählt wird.

Anleitung Kern aller zu schreibender Texte ist folgendes Ereignis:

Am 1. April 1995 wurde im Bus der Linie 281 um 7 Uhr 50 eine Fahrkartenkontrolle durchgeführt. Eine 16jährige Jugendliche konnte ihre Fahrkarte nicht finden, wurde vom Kontrolleur ermahnt und setzte sich mit den Worten zur Wehr: „Du kannst mich mal …!" Daraufhin wurde sie wegen Beamtenbeleidigung vorläufig festgenommen.

Schreibt nun über dieses Ereignis verschiedene Texte, lest sie euch anschließend vor, und laßt raten, welche der vorgeschlagenen stilistischen Möglichkeiten ihr gewählt habt. Die Reihe der Beispiele könnt ihr beliebig erweitern.

1. Darstellung aus verschiedenen Perspektiven

Beispiele: aus der Sicht des sich verteidigenden Mädchens, des sachlich berichtenden Kontrolleurs, eines jugendlichen Zeugen (Jargon!), einer pikfeinen Dame, eines Dichters mit blumiger Sprache (z.B. mit schönen Vergleichen, Alliterationen, Reimen), einer aufbrausenden/verharmlosenden/vergeßlichen Person oder einer, die immer alles doppelt und dreifach sagt und darum nie zu Ende kommt oder aus der Sicht eines Genauigkeitsfanatikers, der alles zahlenmäßig erfassen will oder ...

2. Verschiedene Textsorten

Beispiele: Märchen, Krimi, Traumerzählung, Science fiction, „erotische" Erzählung (erst ab 16!), amtlicher Brief, Verhör, Telegramm, ...

Alles Unsinn ... oder was?
ab Jg. 8, 2er–6er Gr. oder E.

Wie man blödelt, braucht hier wohl nicht erklärt zu werden. Meistens ergibt es sich spontan in Gruppen in besonderen Situationen. Die Formen sind so vielfältig wie die Blödelnden selbst.

Warum aber geblödelt wird, ist häufig nicht bewußt. Wenn man Blödeln genauer untersucht, stößt man immer wieder auf eine typische Struktur:

Da gibt es auf der einen Seite die Welt der allgemeingültigen Verabredungen und Vorschriften darüber, wie etwas sein, gedacht, gesehen oder geleistet werden soll. Und auf der anderen Seite sieht man den lustvollen und spielerischen Widerstand gegen Bildung, Moral, Ordnung und Logik, gegen disziplinierte Leistung und Konsumorientierung. Übliche Denk-, Sprech- und Handlungsmuster werden dabei z.B. übertrieben, ins Gegenteil verkehrt, unlogisch „chaotisiert" oder zum Makabren verdreht.

Das Blödeln wirkt wie ein Ventil gegen den Druck, vernünftig zu sein. Es entlarvt Gewohntes und zeigt kreativ, daß es auch anders sein könnte.

Schreib-
vorschläge

1. „Offenes Chaos"
3er–6er Gr.

Schreibe, ohne lange zu planen, in etwa 5 Min. den Anfang eines Blödeltextes (z.B. 2 Personen und eine Kuh unterhalten sich vor dem Fernseher. Plötzlich knarrt das Fenster und ...).

Anschließend werden alle Anfangstexte in der Gruppenrunde zu jeweils nur dreiminütigen weiteren Bearbeitungen so lange herumgereicht, bis du dein Blatt wiederbekommen hast (bei 3er Gruppen: 2 Runden).

Schreibe bei jeder Fortsetzung so schnell wie möglich! Du solltest zwar versuchen, an das vorher Geschriebene kurz anzuknüpfen, darfst dennoch aber ohne Hemmungen weiterspinnen. Am Schluß werden die Texte – wie immer – vorgelesen.

2. „Protokolle"
E.

Veralbert werden sollen bekannte Situationen, z.B. eine Sport- oder Chemiestunde, ein Arztbesuch, eine Unfallmeldung auf einer Polizeiwache, eine Gerichtsszene, ...

Als Stilmittel empfiehlt sich die Steigerung: Ganz normal anfangen und allmählich mehr und mehr Nonsens einbauen.

3. „Verkaufsgespräche"
2er Gr.

Anregung: Randi und David Liebnau

Zu einem Optikerladen kommen nacheinander verschiedene Typen mit ungewöhnlichen Wünschen und werden entsprechend bedient.

Tips: • Zunächst wie bei einem normalen Verkaufsgespräch mit Begrüßungen, Nachfragen und Angeboten beginnen, dann steigernd blödeln: Wünsche der Käufer/in und Versprechungen des Optikers in bezug auf technische Daten mit Funktionen, Extras, persönlichen Nutzen, Garantie, Service, ...

- Gesprächsabschnitte kurz halten!
- Beim Entwickeln des Dialogs können entweder beide Gruppenmitglieder die Teile gemeinsam überlegen und dann eine Person aufschreiben lassen oder abwechselnd jeweils aus der Sicht der eigenen Rolle gestalten.

Es empfiehlt sich, die Typen voneinander abzusetzen (z.B. dümmlich und wissenschaftlich). Die erste Form ist geselliger, die zweite bringt mehr Überraschungen. Diese können noch gesteigert werden, wenn ihr zwei Verkaufsobjekte parallel entwickelt. Dann empfiehlt es sich, verschiedene Verkaufsobjekte zu verabreden (z.B. Fahrrad und Schaukelstuhl) und nach getrennt geschriebenen Anfängen die Rollen zu verteilen, daß jeder einmal als Verkäufer und im anderen Dialog als Käufer schreiben kann. Wechselt die Rollen nach ca. 5 Min.

4. „Speisekarte"

E., lebendiger: Gr. bis zu 12 Pers.

Während eines Wandertages wurden in einer Schülergruppe beim Picknick zunächst normale Mitbringsel ausgetauscht, bis dann plötzlich Anne – oder war es Nadira? – auf die Idee kam, „gegrillte Spatzenbeine im Schlafrock" und „panierte Froschaugen in flambierter Senfsauce" anzubieten. Als Anlässe für die Erstellung ähnlich „gepflegter" Speisekarten sind folgende Ernstfälle denkbar:

- Der Onkel aus Amerika kommt zu Besuch (erhoffte Erbschaft) und soll von der europäischen Kultur überzeugt werden. • Ein unbeliebter Nachbar muß eingeladen werden. • Bei „Etepetete"-Leuten wird ein bestandenes Abitur gefeiert.
- Makabrios Vämpi gibt ein Mitternachtsmenü ...

5. „Lebenshilfe"

Gr. 6–60 Personen

„Ich habe da ein Problem: Seit mein Freund beim Bund ist, summt er beim Küssen immer Marschlieder. Was soll ich tun?" so schreibt Renate H., 16 J., an Dr. Sommer, Frau Irene und auch andere Lebensberater. Was diese ihr geraten haben, ist nicht bekannt.

Es gibt aber genügend andere Probleme, denen wir jetzt tiefschürfend zu Leibe rücken werden. Neben den Liebesproblemen sind da z.B. Schulprobleme oder die Tücken der Technik: „Seit ich mein Moped getunt habe, riecht es hinten nicht mehr vertraut nach Abgas, sondern irgendwie nach Buttermilch. Ist das normal? Bitte helfen Sie mir!" Werner B., 17 J.

Ablauf einer Blödelrunde:

Wir schreiben uns als Ratsuchende und Ratgebende scheinbar ernstgemeinte Briefe. Zunächst sucht sich jedes Gruppenmitglied einen bestimmten Beratungsbereich, für den es Experte sein möchte. (Beispiele: Schule, Haustiere, Freundschaft, Liebe, Karriere, ...)

Dann schreibt jeder den Fachbereich und einen passenden Familiennamen mit Blockbuchstaben auf die Hälfte einer DIN A4-Seite, stellt diese als Tischkarte gut sichtbar auf und erwartet einlaufende Post, die dann vertrauensvoll beantwortet wird.

Wenn jemand nur Rat suchen möchte, kann er auf die Expertenrolle verzichten. Sonst aber ist man – wie im wirklichen Leben – beides: ratsuchend und ratgebend. Wichtig ist noch, daß bei den Briefchen Adressat und Absender nicht vergessen werden.

Fremdwörter?

Für meist unbekannte Fremdwörter – aus dem Duden ausgewählt – werden eigene Definitionen erfunden und dann der Gruppe zur Begutachtung vorgelegt.

Bei dieser Übung kommen vor allem die voll auf ihre Kosten, die gerne phantasievoll und gebildet mit Sprache spielen, und die sich ebenso gerne so darstellen, als hätten sie die „Weisheit mit Löffeln gefressen".

Anleitung Gebraucht werden: Fremdwörterduden und je Person etwa 10 postkartengroße Zettel.

1. Ein Spielleiter liest aus einem Fremdwörterduden ein möglichst unbekanntes Fremdwort vor (z.B. Pandekten, Organdin, Luperkalien).

2. Jedes Gruppenmitglied schreibt nun eine möglichst phantasievolle Erklärung in Definitionsform auf einen Zettel und gibt diesen anonym an den Spielleiter.

3. Die Definitionen werden – einschließlich der unauffällig untergemischten richtigen – nacheinander vorgelesen.

4. Danach werden für die einzelnen Definitionen Abstimmungspunkte eingesammelt. Jede Person darf sich dabei nur einmal melden. Wer für seinen Text die meisten Stimmen bekommen hat, darf sich freuen und für die nächste Runde ein neues Fremdwort aussuchen.

Konkrete Poesie

Ohne auf die zum Teil komplizierten Theorien zur sogenannten „Konkreten Poesie" einzugehen, sollen hier einige **Schreibempfehlungen** gegeben werden, die davon abgeleitet worden sind. Sie wollen zum Experimentieren mit neuen Ausdrucksmitteln verlocken und helfen, Gedichte zu schreiben, die einer der Väter der „Konkreten Poesie", Eugen Gomringer, als „denkgegenstand – denkspiel" bezeichnet hat (vgl. auch die Übung „Sprach-Bilder", S. 27):

• Verknappe bewußt die Wortmenge (z.B. nur 3 Wörter!). Das führt zur konzentrierten Betrachtung und Verwendung eines Einzelwortes.

• Mache dich frei von der Vorstellung, daß Sinnzusammenhänge zwischen Wörtern nur durch grammatisch richtige Satzstrukturen hergestellt werden können.

• Versuche statt dessen, ihre Beziehung zueinander durch besondere Anordnungen (sogenannte „Konstellationen") auf dem Blatt konkret zu machen. Diese Gebilde regen die Betrachter an, nicht nur von links nach rechts zu lesen, sondern auch von oben nach unten. Sie entdecken vielfältige Kombinationsmöglichkeiten und machen sich ein „eigenes Bild". Am Beispiel kannst du es erproben:

ICH   DU

ICH DU DU ICH DUICHWIRICHDU WIR WIR WIR WIRWIR

ICH   ER   DU

ICH   ER   DU

ICH   ERDU

ich

- Abstände und freie Stellen (z.B. Leerzeilen) sind als Ausdrucksmittel wirksam. Sie können z.B. Distanz, Freiheit, Leere, Ratlosigkeit veranschaulichen oder wie die Pause in der Musik Spannung oder Entspannung erzeugen.
- Erprobe vor allem spielerisch die Stilmittel Wiederholungen, kaum spürbare Veränderungen oder Vertauschungen und Umstellungen von Reihenfolgen.

Anwendungs-
vorschläge

1. Gehe aus von einem Thema, z.B. den „fünf Schlüsselproblemen der heutigen Gesellschaft" (Klafki): Frieden, Umwelt, I. gegen die III. Welt, neue Medien, Sexualität. Oder „Wir–Ihr", „Familie", „Schule", „Blick aus meinem Fenster", „Kind und Autos".

Suche dazu bis zu 5 passende Wörter, und gestalte damit nach den obigen Empfehlungen ein „Konkretes Gedicht".

2. Gehe aus von 3–5 dir im Moment wichtigen Einzelwörtern.

Handwerkliches

Sich selbst neu zu entdecken, Ideen zu finden, sich Problemlösungen einfallen zu lassen und eigenständig „Möglichkeitssinn" zu entwickeln, das alles ist erlernbar. Hilfreich sind hierbei Anregungen und Verfahren, die helfen, ungehemmt und neu wahrzunehmen und ermuntern, ungewohnte Denkmuster zu erproben (Teil A).

Gelernt werden kann auch, *wie* Schreibideen *gestaltet* werden können (Teil B). Im Schlußteil (C) wird vorgeschlagen, was mit mehr oder weniger fertigen Texten gemacht werden kann.

A. Wie erschließen wir Kreativität?

Die folgenden Methoden, die außerhalb der Schule entstanden sind, können hierbei helfen. „Kreativitäts-Profis" wie Schriftsteller/innen, Ideenproduzenten aus dem Werbe- oder Designbereich oder auch psychologische Fachleute benutzen sie so oder ähnlich als ihr tägliches Handwerkszeug.

Automatisches Schreiben

ab Jg. 5, E.

Herkunft Die Methode des „Automatischen Schreibens" ist vor über 100 Jahren von dem französischen Psychologen Pierre Janet für psychotherapeutische Zwecke entwickelt worden. Um 1920 wurde sie dann von den surrealistischen Schriftstellern Breton und Soupault aufgegriffen.

Sinn • Aufspüren und Festhalten von Assoziationen *aller* Art (Verknüpfungen von Gedanken, Gefühlen, Bildern, …).
• Steigerung der Aufmerksamkeit für Innenwelten.
• „Entmachtung" unserer linken Hirnhälfte, die gerne ordnen und kontrollieren möchte (s. S. 7).

Einsatz- 1. Als „Aufwärmübung" zu Beginn einer Schreibphase oder zum Beginn des Unter-
möglichkeiten richts,
2. zur experimentellen „Selbsterkundung" in besonderen Situationen,

34

3. zur „Themenfindung",

4. oder als „Fundgrube", wenn du ein Thema für *alle* Einfälle *offen* erschließen willst, also nicht durch Vorüberlegungen ausklammerst, was auf den ersten Blick nicht dazuzugehören scheint.

Anleitung Bewährte Schreibzeit in der Schule: 4 bis 8 Min. Zu Hause solltest du aber auch längere Zeiten erproben. Es müssen ja nicht gleich 8 bis 10 Stunden sein, wie es von den surrealistischen Schriftstellern berichtet wird!

1. Lege dir Schreibmaterial zurecht, setze dich entspannt hin, schließe für etwa eine Minute die Augen und konzentriere dich auf dich.

2. Schreibe nach dieser Einstimmung so *schnell wie möglich alles* auf, was dir im Moment durch den Kopf geht: was du fühlst, denkst, hoffst, befürchtest, woran du dich erinnerst, was deine Sinnesorgane wahrnehmen, welche Bilder vorbeiziehen, …

Kein Einfall darf verworfen werden! Auch wenn er noch so abwegig erscheint. Dabei mußt du dich nicht um grammatisch richtige Sätze bemühen, denn dies könnte den Gedankenstrom stören. Mit Stichwörtern oder Satzfetzen läßt sich schneller und vollständiger festhalten, was kommt. Sollte der Gedankenfluß einmal stoppen, schreibe das letzte Wort so lange erneut hin, bis neue Einfälle kommen. Du kannst aber auch einen beliebigen Buchstaben aufschreiben und dazu assoziieren. Oder, falls es ein Thema gibt (s. u. 4.), dieses noch einmal hinschreiben.

<u>Wichtiger</u> <u>Grundsatz</u>: Die zum Teil sehr persönlichen Ergebnisse werden nur dann anderen zum Lesen gegeben, wenn du es willst!

Beispiele Zu 2. „Selbsterkundung": Es gibt glückliche oder bedrohliche Situationen, in denen wir von Erinnerungen, Vorausblicken, Gedanken, Gefühlen – auch Ängsten – überwältigt zu werden scheinen. Mit Hilfe des „Automatischen Schreibens" können wir sammeln und sichten, was uns durcheinanderbringt, und anschließend entscheiden, wie wir damit umgehen wollen.

Zu 3. „Themenfindung": Du suchst ein Thema, das etwas mit dir zu tun hat? Sieh dir deine Ergebnisse eines *nicht* themengelenkten „Automatischen Schreibens" an: Unterstreiche, worüber du dich gewundert hast. Mögliche Fortsetzung: neuer Anlauf zu diesem Punkt als Thema oder ein „Cluster" (s. u.), um herauszufinden, wie groß dein Interesse an diesem Punkt ist.

Zu 4. „Fundgrube": Themenvorschlag: „Jungen – Mädchen"

Konzentriere dich als Mädchen auf das Thema „Jungen" (als Junge auf „Mädchen"), und schreibe, ohne vorzuplanen, automatisch los. In deiner „Fundgrube" wirst du nach wenigen Minuten vieles finden, auf das du durch eine übliche Stoffsammlung nicht gekommen wärst.

Cluster

ab Jg. 5, E.

oder: „Zauberschlüssel" für verborgene Schätze

Herkunft Dieses Verfahren hat die amerikanische Schriftstellerin Gabriele L. Rico Anfang der 80er Jahre entwickelt. Sein Name geht zurück auf das englische Wort „cluster": Bündel, Traube, Gruppe, Anhäufung.

Sinn Gabriele L. Rico geht davon aus, daß wir alle in unserem Gedächtnis unzählige Ereignisse, Gedanken, Gefühle, Ideen und Bilder gespeichert haben, an die wir aber durch gezieltes Denken kaum herankommen. Wir brauchen einen „Zauberschlüssel", um uns die verborgenen Schätze und ihre Vernetzung zu erschließen.

Einsatz- *möglichkeiten*	Siehe „Automatisches Schreiben" 2.–4.! Außerdem kannst du damit wunderbar deine Tag- und Nachtträume erschließen. Besonders geeignet für Schüler/innen – aber auch für Erwachsene –, die gerne für sich ohne Zeitdruck (!) über freies Assoziieren – fast wie bei einer Meditation – Ideen sich entwickeln lassen.
Anleitung	1. Schreibe in die Mitte eines quergelegten unlinierten Blattes einen Gedanken, ein Gefühl, ein Thema. Es können übrigens auch eine Frage oder ein Problem sein. Zeichne einen Kreis um diesen Kern. 2. Schreibe um die Mitte herum in Stichworten *alles* auf, was dir dazu einfällt. Gehe dabei nicht logisch planend vor, sondern laß den Einfällen unzensiert freien Lauf. Umrahme jede einzelne Notiz, und verbinde sie durch Linien mit dem Kern. 3. Laß dich von diesen ersten Einfällen zu neuen Assoziationsgruppen anregen, und verbinde durch Linien, was „irgendwie" zusammengehört. Sammle so lange weiter, bis das Blatt wie eine Traube aussieht.

Anwendungs- *beispiele*	1. (ab Jg. 5) Erstelle Cluster zu den Themen „Unsere Klasse", „Freude", „Pech", (ab Jg. 8) „Glück", „Unglück", „Umwelt", „Zukunft". 2. (ab Jg. 8) Erschließe einen Nachttraum. Schreibe dafür gleich nach dem Aufwachen das Grundgefühl (z.B. Angst oder Erfolg) in die Mitte eines Blattes, und „clustere" dann los.
Verarbeitungs- *möglichkeiten*	Wenn du dein Cluster fertig hast, sieh es so lange durch, bis dir ein Punkt auffällt, der dich besonders interessiert. Wenn du willst, kannst du ihn mit Hilfe eines neuen Clusters oder über „Automatisches Schreiben" (s. S. 34) weiter vertiefen. Du kannst aber auch gleich einen Text schreiben, z.B. ein reimloses Gedicht oder einen Prosatext. Vermeide dabei Erklärungen, laß lieber die Bilder und Einfälle wirken.

Mind Mapping

oder: Ideen-Landkarte

Herkunft Auch diese Methode ist wie das „Clustering" von Gabriele L. Rico zu Beginn der 80er Jahre in Amerika entwickelt worden. Auch sein Erfinder, Tony Buzan, beruft sich auf die Erkenntnisse der neueren Hirnforschung.

Sinn Die Methode orientiert sich an der lebendigen Art und Weise, wie uns Ideen einfallen und wie wir Denkprozesse entwickeln: spontan, unerwartet, ungegliedert **und** logisch ordnend und weiterführend. Im Vergleich zum „Cluster" werden also die unterschiedlichen Arbeitsweisen *beider Hirnhälften* gleich stark aktiviert (s. S. 7).
Im Gegensatz zur traditionellen „Stoffsammlung" (Vorgehen nach festgelegten Oberpunkten, Aussortieren von Einfällen, die nicht ins Schema passen, Festhalten der Gedanken Zeile für Zeile) wird hier offener gesammelt und anschaulich aufgezeichnet.

Einsatz-
möglichkeiten In allen Bereichen, in denen Einzelpersonen oder Gruppen kreativ denken, erfinden, planen, koordinieren, Ergebnisse zusammenfassen und übersichtlich festhalten wollen.

Anleitung Stelle dir aus der Vogelperspektive ein Stadtzentrum vor, von dem aus Hauptstraßen nach außen führen. Außerdem siehst du davon abzweigende Nebenstraßen mit Seitenwegen.

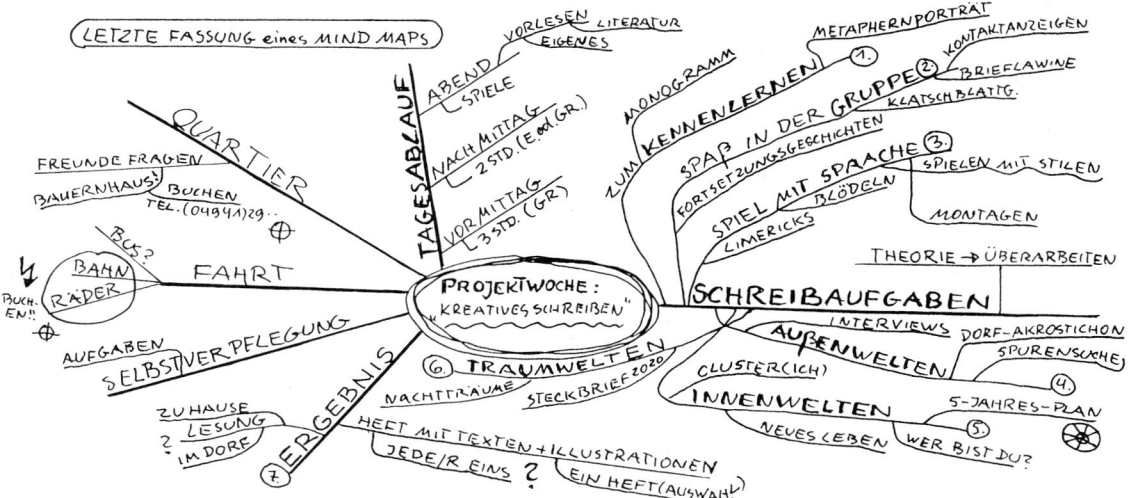

Dieser Überblick ist Vorbild für die Denkarbeit nach folgenden
Regeln und Tips: 1. Schreibe das Hauptthema in die Mitte eines unlinierten mindestens DIN A4-großen Blattes, und rahme es ein (Zentrum). Du kannst das Thema auch durch ein Bild ergänzen oder nur bildlich darstellen.
2. Schreibe dazu Hauptgedanken mit Blockbuchstaben als SCHLÜSSELWÖRTER (Nomen!) auf dicke Linien, die vom Zentrum ausgehen (Hauptstraßen).
3. Halte alle weiteren Einfälle in der Nähe der passenden „Hauptstraßen" mit höchstens zwei Wörtern, einem Bild oder sprechenden Zeichen fest. Stelle danach mit Hilfe von Linien (Nebenstraßen, Seitenwege) Verbindungen zu den Hauptstraßen her.

4. Beachte, daß in der ersten Phase kein Gedanke unter den Tisch fällt. Also alle Einfälle schnell aufschreiben, auch wenn eine Zuordnung nicht gleich möglich scheint. Später kann eine längere „Nebenstraße" die Verbindung zur „Hauptstraße" herstellen. Wenn keine Nomen gefunden werden, darfst du auch andere Wortarten verwenden.

5. Mit Hilfe von grafischen Mitteln kannst du besondere Akzente setzen. Beispiele:
- Farben unterstreichen, was zusammengehört, z.B. Hauptstraßen rot ...
- Sprechende Zeichen oder Symbole heben Wichtiges hervor, z.B. → ← Gegensatz, ⚡ Achtung, nicht vergessen! ○ Sollpunkt, d.h. hier fehlt noch etwas, ⊖ zum Teil erledigt, ⊕ fertig, Ⓣ Termin!

6. Wenn bei einer weiteren Nutzung des Mind Maps die einzelnen Bereiche in einer bestimmten Reihenfolge verarbeitet werden sollen, rahme sie jeweils mit einer anderen Farbe ein, und numeriere sie mit großen Zahlen.

7. Manchmal kann es sinnvoll sein, den ersten Entwurf ganz oder in Teilen auf einem neuen Blatt zu überarbeiten oder weiter zu entwickeln.

8. Bei Gruppenprozessen (z.B. Entwicklung von Ideen zu einem gemeinsamen Vorhaben) kann es hilfreich sein, das Zentralthema mit den wichtigsten Oberpunkten auf einer Tafel oder Packpapierfläche vorzugeben. Die Diskussionsteilnehmer/innen können dann die Beiträge selbst in Schlüsselwortform dazuschreiben. Auf diese Weise kann das bekannte Aneinandervorbeireden verhindert und Zeit für kreatives Denken gewonnen werden.

Übungs-vorschläge

1. Ideensammlung für ein individuelles Schreibvorhaben, eine Problemlösung oder ein Referat. (Auch beim Referathalten zur Entwicklung der Gedanken einsetzbar!)

2. Planen, Zusammenstellen und Koordinieren von Aufgaben für ein gemeinsames Vorhaben (z.B. ein Hörspiel oder eine Projektwoche zum Kreativen Schreiben).

3. Sichern von Ergebnissen der Unterrichtsarbeit (z.B. als übersichtliche Hilfe zur Vorbereitung auf eine Klassenarbeit).

Brainstorming

ab Jg. 5, 4er Gr. oder größer

Herkunft

Die Grundlagen für die jetzigen Formen sind Ende der 30er Jahre von dem Amerikaner Alex Osborn entwickelt worden. Sie gehen zurück auf die Methoden von Hindu-Lehrern, die diese in religiösen Gruppen vor etwa 500 Jahren praktiziert haben.

Sinn

Bei der wohl bekanntesten Ideenfindungs-Methode wird von folgenden Erfahrungen ausgegangen:
- Durch Teamarbeit kann in relativ kurzer Zeit eine größtmögliche Menge an Ideen produziert werden, wenn offenes, vielschichtiges, ja „abwegiges" Denken nicht abgeblockt wird.
- Kreativität kann sich nur dann entwickeln, wenn nicht frühzeitig kanalisiert, kritisiert und verworfen wird.

Einsatz-möglichkeiten

1. Zum Aufspüren und Sammeln von Themen, über die danach geschrieben werden kann,
2. zum Herantasten an ein vorgegebenes Thema,
3. zum Finden von Lösungen bei Problemen.

Die Methode eignet sich besonders für Schülerinnen und Schüler, die auch sonst im Unterrichtsgespräch aktiv sind; stillere könnten durch einen nicht zu unterschätzenden Zeit- und Leistungsdruck benachteiligt werden.

Anleitung	Es sollen in einer Gruppe möglichst viele Einfälle produziert und stichwortartig festgehalten werden. Dabei sind folgende Regeln zu beachten:

- Jeder darf sagen, was ihm gerade zu dem Thema einfällt, auch das, was auf den ersten Blick nicht zu passen scheint!
- Niemand wird kritisiert – auch nicht durch Körpersprache!
- Kein Einfall wird bewertet oder diskutiert!
- Alle Beiträge sind wichtig und werden, möglichst für alle sichtbar, notiert! (Evtl. Tafel oder großen Packpapierbogen und Wachsstifte einsetzen.)
- Die Auswertung wird erst nach einer Pause vorgenommen.
- Eure Ergebnisse werden mit denen anderer Gruppen verglichen und ergänzt.

Anwendungs-beispiele	Zu 2.: (ab Jg. 5) Themenvorschläge – „Worüber wir uns freuen", „Was wir nicht mögen", (ab Jg. 9) „Die Jugend von heute …" Hierbei könnt ihr ganz spontan vorgehen oder eure Assoziationen durch folgendes anregen lassen: typische Gegenstände, Gewohnheiten, Denkmuster, Vorurteile der Erwachsenen. Zu 3.: (ab Jg. 5) „Unsere nächste Klassenreise: Was wollen wir, und wohin fahren wir?"

Methode 635

ab Jg. 8., mit Hilfen schon früher, 6er Gr.

Anregung: Bernd Rohrbach (Manager-Berater)

Sinn	• Ausnutzung einer Ideenentwicklungs-Methode, die sich vor allem in den Bereichen bewährt hat, wo es um die Entwicklung möglichst vieler Ideen geht. • Sich durch schriftliche Vorschläge von Gruppenmitgliedern anregen lassen, um in einer Art „Schneeball-System" eigene Ideen zu produzieren. Wenn alles klappt produziert eine Gruppe in etwa einer halben Stunde 6 x 18 Ideen!
Schwierig-keiten	• Die ungewohnte Arbeitsweise muß von allen verstanden sein, weil sonst die Gruppe blockiert wird. • Das übliche Diskutieren, Kommentieren und eventuelle Abgucken muß unterbleiben, weil sonst die Fülle der Einfälle eingeschränkt wird.
Einsatz-möglichkeiten	1. In Planungsphasen, 2. für Problemlösungen und 3. für Fortsetzungsgeschichten.
Anleitung	Vorbereitung: 1. Einteilung der Großgruppe in 6er Gruppen. Die restlichen Schüler/innen werden als Reserve für Notfälle („blackouts") einzelnen Gruppen zugeteilt. 2. Zwei Schüler/innen knicken für alle Gruppenmitglieder, aber nicht für die Reserve, DIN A4-Blätter so, daß jede Seite 18 Felder aufweist. (3 senkrechte Spalten, 7 cm breit; 6 Reihen, 5 cm hoch) 3. Klärung der Ausgangslage, z. B. „Wie sieht das Problem aus, für das wir Lösungsmöglichkeiten suchen?" Durchführung: 1. Alle 6 Gruppenmitglieder denken sich je 3 Ideen bzw. Problemlösungsvorschläge aus und schreiben sie in die oberen drei Felder. Danach geben sie ihre Zettel nach links weiter. 2. In die Felder unter den vorherigen Vorschlägen werden in den folgenden 5 Runden wieder jeweils drei Ideen geschrieben. Dabei können die Vorschläge, die ihr vorfindet, entweder weitergeführt werden oder auch nur als Anstoß genutzt werden für ganz neue Einfälle. Lese-, Denk- und Schreibzeit jeweils ca. 5 Min.! Wenn einer von euch nicht rechtzeitig fertig wird, hilft die Reserve.

Auswertung	In der Gruppe werden für alle Vorschläge Vor- und Nachteile abgewogen und dann die besten herausgefiltert. Überlegt anschließend, wie sie weiter zu nutzen sind.

Anwendungs-
beispiele

Zu 1.: (ab Jg. 8) „Planungsphase" – Im Deutschunterricht sollen verschiedene Hörspiele produziert werden. Entwickelt Vorschläge.

Andreas schreibt in seine ersten drei Felder:	ein Krimi in London mit vielen Toten	etwas Lustiges mit Otto	Probleme in der Klasse ...
Birte setzt fort:	lieber nur <u>eine</u> Leiche in der Schule?	Otto find ich blöd! Besser: Klassenreise	z. B. Warum wurde der Neue Außenseiter?
Christian	?	?	?

zu 2.: (ab Jg. 10) „Problemlösung" – Was könnten wir alles tun, damit sich in unserer Klasse (unserem Kurs) das „Klima" so verbessert, daß möglichst alle mehr Spaß haben und besser lernen?
Schreibe auch Vorschläge auf, die auf den ersten Blick undurchführbar erscheinen.
Die „Zensur-Schere" im Kopf hat zur Zeit Urlaub.

Ideenkette

mit Hilfe schon ab Jg. 6, 6er Gr. oder größer

Sinn
• Entwicklung von Ideen innerhalb einer Gruppe,
• nach dem Prinzip der „Stillen Post": Weiterführung von Vorschlägen anderer.

Einsatz-
möglichkeiten
1. In Planungsphasen, z.B. zur Erschließung eines Themas,
2. bei der Suche nach Möglichkeiten, ein Problem zu lösen und
3. zur Vertiefung von Vorschlägen, die relativ schnell entstanden sind (z.B. nach „Brainstorming", s. S. 38 oder „Methode 635", s. S. 39).
Im Vergleich zum „Brainstorming" besser geeignet für mündlich zurückhaltende Personen, im Vergleich zur „Methode 635" weniger Leistungsdruck, weil jede Person selbst bestimmt, wieviel Ideen sie produziert (Binnendifferenzierung!).

Anleitung
1. Jede Person erhält 10 halbierte DIN A4-Blätter und schreibt jeden Einfall zum Thema – auch ungewöhnlich erscheinende! – auf jeweils ein neues Blatt. Die fertigen Blätter werden auf einen gemeinsamen A-Stapel gelegt.
2. Wenn alle eigenen Blätter beschrieben sind – oder auch zwischendurch –, nimmt man sich vom A-Stapel Blätter anderer Gruppenmitglieder, führt die dort vorgefundenen Ideen weiter und legt sie danach auf einen gemeinsamen B-Stapel.
3. Fortsetzung entsprechend: Blätter vom B-Stapel nehmen, Ideen weiterentwikkeln, auf C-Stapel ablegen.
4. Nach ca. 20 bis 30 Min. werden die Ergebnisse vorgelesen, zunächst vom Stapel C, dann B. Weitere Nutzung der Ideen je nach Vorhaben.

Anwendungs-
beispiele
Zu 1. bzw. 2.: (ab Jg. 5) Welche Möglichkeiten fallen euch für folgende Vorhaben ein: eine Projektwoche, ein Fest mit Besuchern, eine Klassenzeitung?,
(ab Jg. 8) „Was sollte nach euren Wünschen demnächst im Deutschunterricht behandelt werden?" (andere Beispiele s. „Methode 635", S. 39)

Spurensuche

Sinn Häufig werden Schauplätze, Personen und damit zusammenhängende Themen nur oberflächlich betrachtet und nach üblichen Mustern beurteilt. Wenn wir sie wirklich wahrnehmen wollen, müssen wir lernen, genauer zu untersuchen, zu erkunden, zu ergründen – zu „recherchieren", wie es in der Journalistensprache heißt. Dabei kann es hilfreich sein, wenn wir uns unserem Gegenstand auf ungewohnte Weise nähern.

Einsatz-möglichkeiten 1. Zur Sinnesschulung und als Wahrnehmungsübung, evtl. für Ausdrucksübungen,
2. zur Materialsuche für lebendige Darstellungen von Schauplätzen und Personen,
3. zum Herantasten an ein Thema aus ungewohnten Perspektiven.

Anleitungen 1. <u>Schauplätze</u> <u>anders</u> <u>wahrnehmen</u>.
Setze alle Sinnesorgane bewußt ein. Durch kleine Tricks kannst du die Wahrnehmung verändern und dadurch Ungewöhnliches entdecken.
Was ist zu *hören*? Wie verändern sich die Eindrücke, wenn die Ohren etwas zugehalten werden?
Was nehmen die Augen wahr? Dabei neue *Seh*weisen erproben: • aus der Schuhperspektive sehen, • durch ein Rohr (auch mit Hilfe der Hand zu bilden) Ausschnitte genauer sehen, • durch Blinzeln der Augen – eine Art Weichzeichner – einen veränderten Gesamteindruck herstellen, • farbige Glasfilter verwenden (z.B. rosa oder braun).
Was ist mit den Händen oder der Haut zu *fühlen*? Oberflächen, Temperaturen, Luftzüge, …
Wie *riechen* Dinge oder auch Personen, wenn wir dicht an sie rangehen?
2. <u>Personen</u> <u>beobachten</u> und <u>befragen</u>.
Was tun sie? Wie bewegen sie sich? Welche Schuhe tragen sie? Was fällt in ihren Gesichtern auf? Was wollen sie? Was lehnen sie ab? An welche schönen und schlechten Erlebnisse aus ihrer Kindheit erinnern sie sich?
3. Wenn unser Recherchieren auf ein bestimmtes Thema ausgerichtet ist, kann es nützlich sein, <u>Bilder</u> (z.B. aus Illustrierten) <u>heranzuziehen</u>. Welche stehen in irgendeinem Zusammenhang mit dem Vorhaben? Herausschneiden und in einer Collage verarbeiten.
4. Auch das <u>Sammeln von „Lese-</u> und <u>Hörfrüchten"</u> (z.B. aus Büchern, Zeitungen, Nachrichten in Rundfunk und Fernsehen, Gesprächen in öffentlichen Verkehrsmitteln) hilft weiter.
Ganz wichtig: Alle Eindrücke, ob wir sie nun – z.B. bei einer Ortsbesichtigung – bewußt sammeln oder sie uns zufallen, werden in Form von Skizzen oder schriftlich festgehalten. Gleiches gilt für Gedanken, Gefühle, Sätze und interessante Worte, die uns zusätzlich einfallen. Zur Sicherung sollten stets ein Zettel und Stift bereitgehalten werden, z.B. neben dem Bett, im Bad, am Telefon, neben dem Fernseher, während der Bus- oder Zugfahrt!

Anwendungs-beispiele Besuch eines Bahnhofs, eines Einkaufszentrums, einer Sportveranstaltung, einer Badeanstalt, …
1. Sammlung von Spuren ohne vorherige Zielbestimmung, 2. mit festgelegtem Thema, z.B. „Kontrast: arm – reich oder jung – alt".

Provokation

Anregung: Edward de Bono's Denkschule

Sinn Mit den folgenden Übungen wird an eine Alltagserfahrung angeknüpft: Wir bemühen uns um die Lösung eines Problems, suchen verzweifelt nach originellen Ideen, aber kommen einfach nicht weiter. Wir drehen uns im „Kreis", haben „Scheuklappen" auf, bleiben „betriebsblind", sind „blockiert", „festgefahren".

Die sprachlichen Bilder zeigen anschaulich, was hier fehlt: eine befreiende Bewegung raus aus dem Gewohnten (Kreis, Betrieb) und ein unbegrenztes *neues* Sehen. Im Alltag kommen wir manchmal durch einen Zufall weiter. Mit diesen Übungen sollen Zufälle dieser Art bewußt herbeigeführt werden. Unser Gehirn wird durch überraschende, irritierende, ja provozierende Impulse dazu gebracht, scheinbar bewährte Denkmuster aufzugeben, nicht immer nur *nach*zudenken, sondern *neu* anzusetzen.

Einsatz-möglichkeiten 1. Als Kreativitäts-Training (schon ab Jg. 5),
2. zur originellen Erschließung eines Themas,
3. für Problemlösungen.

Anleitung mit Beispielen Zu 1. „Kreativitäts-Training":
Hier werden dir einige Möglichkeiten vorgestellt, neu oder „quer" zu denken. Suche dir eine aus, und schreibe mit ihrem Denkmuster einen Text.
Du kannst auch alle Möglichkeiten nutzen und z.B. ein Gedicht (s. S. 58 ff.) mit mehreren ungewöhnlichen Aussagen schreiben.

— *Kehre* die bisherige Sicht oder Beurteilung eines Themas, Problems, Gegenstandes in ihr Gegenteil *um* (z.B. aus Kritik am Faulsein wird Lob ...).

— *Übertreibe* eine Richtung bis zum Extrem (z.B. Beschreibung von Details bis zur Millimetergröße, Beurteilung einer Person bis zu Mord- oder Liebesphantasien).

— Provoziere durch eine *„unerhörte" Behauptung* (z.B. „Wer nicht Mickey Mouse gerne liest, kann kein Lehrer sein!") oder eine ungewöhnliche Forderung (z.B. „Wer aus Wegwerfdosen trinkt, soll von der Schule verwiesen werden!").

— Stelle *„Sinn(es)-Fragen"*, die normalerweise nicht zum Thema gehören.
(Beispiel ab Jg. 5: „Meine Freude", „Meine Trauer". Frage dich: Wie riecht sie? Wie schmeckt sie? Wie fühlt sie sich an, wenn du dich an sie herantastest? Was hörst oder siehst du, wenn du an sie denkst?)

— Überliste das gewohnte Denken durch *paradoxe Fragen*, die zusammenbringen, was nach Gesetzen der Logik nicht zusammengehört.
Thema: „Sinn des Lebens" (ab Jg. 8). Mögliche Fragen: Welches Gebäude wäre dieser Sinn des Lebens? Welche Landschaft? Welche Farbe paßt zu ihm? Wie riecht er? Wie würde der Sinn des Lebens tanzen? Welche Hobbys hat er? Was würde ich als Sinn des Lebens gern/ungern tun? Wie sieht ein möglicher Gegensatz aus?

— Bewährt hat sich auch die Stimulierung durch ein *Zufallswort* oder einen *Zufallsgegenstand*: Schlage in einem beliebigen Buch die Seite 17 auf und suche das erste Nomen heraus (z.B. Seeigel). Oder: Greife zu einem Gegenstand, der deiner linken Hand am nächsten ist (z.B. Schere).
Themenvorschläge: „Mein Schlaraffenland" (ab Jg. 5), „Berufswunsch" (ab Jg. 8). Umkreise mit deinen Gedanken und Gefühlen das Wort „Seeigel" bzw. „Schere", und schreibe alle Assoziationen dazu auf. Suche erst danach mögliche Zusammenhänge mit dem Thema.

PMI und ÜMU

Anregung: De Bono's Denkschule

Sinn Im Alltag bewerten und entscheiden wir häufig nach festen Mustern und Vorurteilen. Es gibt z. B. nur Gute(s) und Schlechte(s), und dementsprechend wird verteidigt oder angegriffen. Dieses Denken in starren Blöcken scheint manchmal den Umgang miteinander und Problemlösungen zu erleichtern – man fühlt sich auf vertrautem Boden sicher –, in Wirklichkeit aber werden interessantere, friedlichere oder menschlichere Möglichkeiten von vornherein ausgeklammert.
Die zwei Abkürzungen in der Überschrift stehen für Methoden, mit denen neue Denkmuster erprobt werden können.

Einsatz-möglichkeiten Vor allem für Texte geeignet, die bei Problemdiskussionen und beim Suchen nach Lösungen praktisches Handeln zum Ziel haben (pragmatische Texte), auch für Problemerörterungen (Klassenarbeiten).

Anleitungen und Beispiele 1. Schreibe nach der „PMI-Methode" zunächst möglichst viele **P**luspunkte für eine Idee und Lösung auf, dann alle **M**inuspunkte und schließlich alle Punkte, die **i**nteressant sind und zum Weiterdenken reizen.
Beispiele: „Was hältst du von der Idee, daß ab Jahrgang 7 nur noch ein freiwilliger Schulbesuch vorgesehen wird?" Oder: „Alle Zensuren werden abgeschafft!" Oder: „Wer in der Schule andere auslacht, wird eine Woche vom Unterricht ausgeschlossen". Oder: „Einmal in der Woche sollen in Zukunft die Schüler/innen ihre Lehrer/innen unterrichten!"
Lege eine Stoffsammlung in Tabellenform an, und schreibe einen engagierten Text, in dem die verschiedenen Gesichtspunkte und deine eigene Stellungnahme zur Sprache kommen.
2. Bei einer kontroversen Diskussion kann es sinnvoll sein, den Standpunkt der Gegenseite zu erforschen und dann die „ÜMU-Methode" einzusetzen. Aufzuschreiben sind zunächst alle Punkte, bei denen es **Ü**bereinstimmung gibt, dann die, bei denen **M**einungsverschiedenheit herrscht, und schließlich **u**nwichtige Aspekte. Danach kann nach einer Lösung gesucht werden, der beide Seiten zustimmen.
Beispiel: Kontroverse zwischen Vater und 15jähriger Tochter über die Ausgehzeit am Abend bis 23 Uhr.

Brain-Session

Anregung: Harald Braem

Reiz Der Name soll auf das hinweisen, was bei Jam Sessions im Jazz erlebt werden kann. Hier aber sind es die zwei Hirnhälften, die zusammenspielen werden. Jede auf ihre Weise, nacheinander, gegeneinander, sich gegenseitig zu neuen Improvisationen hochschaukelnd, zusammen swingend. Ziel ist es, im Rollenspiel die Leistungen der einzelnen Hirnhälften besser kennenzulernen.

Voraussetzung sind Grundkenntnisse über die Arbeitsweise der rechten und linken Hirnhälfte (s. S. 7).
1. Als spielerisches „Gehirntraining" (dann ohne Themavorgabe) wie
2. zur ganzheitlichen Umkreisung eines kontrovers beurteilbaren Problems.
Beispiele: (ab Jg. 9) „Kaufhausdiebstahl – ein Sport?", „Abhauen oder ausharren?", (ab Jg. 11) „Lehre oder Abi?", „Bundeswehr oder Zivildienst?"

Anleitung 1. Der Partner „Linkus" übernimmt die Rolle der linken Hirnhälfte und beginnt logisch, vernünftig, systematisch und durchdacht zu argumentieren.
Seine Partnerin „Rena" schreibt in der Zwischenzeit alles auf, was ihr im Moment zu dem Thema so durch den Kopf geht: Gefühle, Assoziationen, Sprüche, ... und kritzelt außerdem wie beim Telefonieren oder während des Unterrichts.
2. Nach einigen Minuten werden die Blätter ausgetauscht, und Linkus und Rena reagieren ihrer Rolle entsprechend auf das, was sie vorfinden: Linkus analysiert also nüchtern, versucht das „Wirrwarr" aufzugliedern, Zusammenhänge und Ordnung herzustellen, Rena dagegen kontert – aber ohne persönlichen Angriff! – gefühlsmäßig, unlogisch, verspielt, subjektiv auf- und abwertend, bringt phantastische Analogien (Entsprechungen) ins Spiel und zeichnet dazu, was ihr als sinnliche Unterstützung einfällt.
3. Erneuter Wechsel der Blätter.
4. Danach werden die Rollen getauscht. Jetzt werden Linkus und Rena erleben, daß sie auch ganz anders können!
• Inhaltlich sollte an das vorliegende Material angeknüpft werden. Vorteil: Jede Person bezieht sich aus veränderter Perspektive auf eigene Äußerungen und kann so leichter das eigene Ich als vielseitig erkennen.
• Wenn aber die Ergebnisse der Runden 1 bis 3 nicht ergiebig genug erscheinen (bei jüngeren Schülern eher zu erwarten), kann auch mit einem anderen Thema der Rollenwechsel durchgespielt werden. Möglich ist auch die Fortsetzung mit einer anderen Person.

Brainfloating

nach Anleitung ab Jg. 5, E.

Anregung: Harald Braem
„To float" heißt im Englischen: in Gang bringen, treiben, schweben.

Reiz • Einen Ansatz kennenzulernen, der sich sowohl im therapeutischen Bereich bewährt hat als auch in Berufszweigen, in denen kreativ und effektiv gearbeitet wird.
• Übungen auszuprobieren, die das Zusammenspiel der rechten und linken Hirnhälfte verbessern und damit kreatives Denken „in Gang bringen" können.

Schwierig-
keiten • Gefahr des Abblockens, weil diese Denkarbeit für die meisten (noch!) unbekannt ist.
• Möglichkeit, enttäuscht zu werden, wenn die Erwartungen zu hoch sind.
Grundsätzlich gilt es zu beachten: Es gibt kein festes Programm, das für alle wirkt und vielleicht sogar in kürzester Zeit nachweisbare Erfolge bringt. Wichtig ist, daß wir lernen, spielerisch, aber auch geduldig vorzugehen und eigene Formen zu entwickeln.

Einsatz-
möglichkeiten 1. Zu Hause, für Personen, die neugierig auf Selbsterfahrung sind,
2. in Neigungsgruppen, z. B. Schreibwerkstätten,
3. in Fördergruppen, in denen ganzheitlich und stressfrei gearbeitet wird (gute Erfahrungen sind z. B. beim Einsatz gegen Rechtschreibschwächen gemacht worden),
4. zu bestimmten Zeiten im Deutschunterricht, z. B. montags in der ersten Stunde.

Anregungen	– Regelmäßiges Schreiben und Zeichnen mit der *ungewohnten Hand*,

Anregungen
– Regelmäßiges Schreiben und Zeichnen mit der *ungewohnten Hand*,
– schwungvolles *Simultan-Zeichnen* mit rechter und linker Hand zugleich, möglichst großformatig (z. B. Spiralen, Wellen, Chaotisches),
– Entdecken der *Langsamkeit*, z. B. durch schönes Gestalten einzelner Buchstaben,
– vor und während der Denkarbeit *beidhändig kneten*,
– Aufspüren und Nutzen *sinnlicher Eindrücke*.
Günter Grass hat in einem Interview berichtet, daß das fließende Wasser an der Wand seines Souterrainzimmers seine Gedanken bei der Arbeit am Roman „Der Butt" immer wieder „im Fluß gehalten" hat.
Weitere Möglichkeiten können sein: • das meditative Betrachten von Wolken am Himmel, von Blättern im Wind, von Holzmaserungen, • das Spielen mit Kugeln, Steinen oder Perlenketten, • besondere Musik (z. B. ruhige Stücke von Pink Floyd).
– Das Denken kann auch durch *Körperbewegungen* stimuliert werden: durch Herumgehen mit und ohne Raumwechsel, durch veränderte Körperhaltung (z. B. unter den Tisch legen) oder durch das bekannte Stuhlkippeln.

B. Was hilft beim Schreiben?

Schreiben macht Spaß, bringt Anerkennung bei anderen und läßt uns stolz sein, wenn „es läuft".

Es kann aber auch verunsichern, wenn man nicht weiß, wie man weiterkommt. Erfahrungen erfolgreicher Schreiber/innen können zwar nicht ohne weiteres übernommen werden, es lohnt sich aber, Gestaltungsmittel, literarische „Muster" und Schreibtaktiken von „Machern" kennenzulernen und auszuprobieren.

Erst wenn man aus einem größeren Repertoire auswählen kann, gelingt es, die Texte so zu gestalten, daß man mit ihnen zufrieden ist und daß zugleich der Schreibgegenstand und die Leser/innen angemessen berücksichtigt werden.

Alle folgenden Informationen und selbst die konkreten Tips sind als *Angebote* zu verstehen. Sie sollen helfen, die Gestaltungsmöglichkeiten auf dem Weg *zum selbstbestimmten Schreiben* zu erweitern.

I. Gestaltungstips erproben

Die meisten vorgeschlagenen Empfehlungen beziehen sich auf das Erzählen, weil diese literarische Gattung beim Kreativen Schreiben besonders beliebt ist. Sie lassen sich aber auch zum großen Teil auf lyrisches und dialogisches Gestalten übertragen. (Spezielles dazu s. S. 58 ff.)

Kläre zunächst, was du selbst willst!

Vielleicht möchtest du: • Eigene Gefühle ausdrücken, • dich selbst darstellen, z. B. als Tierfreund oder geistreichen Menschen, • Klarheit über dich selbst finden, • Spaß am Schreiben haben, • mit Sprache und Formen lustvoll experimentieren, • nachahmen, was dir beim Lesen gefallen hat, • Neues erfinden, • angeben, • blödeln, • informieren, • warnen, • kritisieren, • werben, • überzeugen, • protestieren, • appellieren, • angreifen, • verteidigen, • schmeicheln oder ganz etwas anderes?

Konzentriere dich auf einen Mittelpunkt!

Schreibanfänger machen häufig den Fehler, daß sie zuviel auf einmal wollen, z. B. alles zeigen, was sie gelesen haben oder aus Fernsehserien kennen. Sie reihen nur auf, teilen nur mit, statt darzustellen. Kurz: Sie verzetteln sich, und die Leserinnen und Leser bleiben gelangweilt.

Besser ist es, wenn du dich auf eine Mitte konzentrierst und sie entsprechend ausgestaltest, z. B. ein besonderes Geschehen, eine eindrucksvolle Figur und ihren Gegenspieler, ein vorherrschendes Gefühl, einen kleinen wichtigen Ausschnitt. Wie beim Fotografieren und Filmen sind Totalaufnahmen häufig nichtssagend. Ausschnitte sind genauer oder machen neugierig und provozieren zu intensiverem Hinsehen. Die Lesenden können sich eher ein Bild von einem Ereignis machen, wenn z. B. nur zwei Personen in ihrem Ärger dargestellt werden und nicht versucht wird, alle Beteiligten zu erfassen.

Gestalte Figuren!

ab Jg. 5, E.

Wenn du dich nicht auf wirkliche Geschehen und lebende Personen beziehst, kannst du dir alle möglichen Figuren ausdenken. Wähle sie aber so aus, daß sie zu deinen Texten passen.

Teile nicht nur ihre Rolle mit, sondern stelle das Unverwechselbare an ihnen, das für deinen Text Wichtige heraus.

Gib ihnen Namen, die sie charakterisieren (z. B. Bodo Ballermann, Silvretta Schönvogel, Spinni Dünnbrett).

Laß diese Figuren ihrer Rolle entsprechend denken, fühlen, reden, aussehen und sich gestisch bewegen. Vielleicht sind auch ihr Beruf, ihre Vorlieben und besonderen Eigenschaften oder ihre Lebensumstände wichtig.

***Übungs-
vorschlag*** Jeder beschreibt eine erfundene Figur und bittet anschließend den Partner, eine dazu passende Geschichte zu erfinden.

Stelle Orte als „Bedeutungsräume" dar!

Anregungen: Günter Waldmann und Katrin Bothe

Orte sollen nicht zufällig gewählt werden, sondern so, daß sie die äußere Handlung oder die Innenwelten der Figuren unterstützen. Ihre Darstellung soll die von dir gewünschte Erwartung der Leser/innen leiten.

Du kannst folgende Gesichtspunkte berücksichtigen: das Besondere einer Landschaft, eines Stadtteils, eines Innenraums, dazu passend die Jahreszeit, das Wetter, die Tageszeit, Licht, Farben, Geräusche, Gerüche, Gegenstände, Pflanzen, Tiere, …

***Übungs-
vorschläge***

1.a) Beschreibe einen Außen- oder Innenraum so, daß eine besondere Atmosphäre spürbar wird.

b) Gib deinen Zettel danach an deine Gruppenmitglieder weiter, und bitte sie, die folgende Frage stichwortartig zu beantworten: „Welche Geschichte könnte zu meinem Ort passen?"

c) Wähle einen der Vorschläge, und schreibe dazu eine Geschichte. Der Ort der Handlung soll zum Inhalt passend ausgestaltet werden.

2. (ab Jg. 8) Bei dieser Übung wird umgekehrt vorgegangen:

a) Entwirf stichwortartig für eine oder zwei Figuren eine kleine Szene, in der eine besondere Stimmung oder ein Gefühl Bedeutung hat, z.B. Freude über ein Wiedersehen nach langer Zeit, Harmonie, Liebe, … oder Sorge, Unsicherheit, Hetze, Anspannung, Hoffnungslosigkeit, Angst, …

b) Laß jedes Gruppenmitglied dazu einen passenden Ort entwerfen.

c) Verarbeite deine Szene und einen der Vorschläge zu einem „stimmigen" Text.

Erprobe eine „Geschichten-Grammatik"!

ab Jg. 5, E.

Anregung: Harald Frommer

Gelungene Erlebniserzählungen sind häufig – bewußt oder unbewußt – nach einem besonderen Schema aufgebaut. Wenn du Außergewöhnliches – z. B. das, was du innerlich erfahren hast (Gefühl) oder das, was du äußerlich erlebt hast (Abenteuer) – für deine Leser/innen so „rüberbringen" willst, daß sie gespannt sind, solltest du folgende Punkte berücksichtigen:

- Eine *Überschrift* kündigt an, macht neugierig. Sie darf aber noch nicht den Inhalt oder gar das Ergebnis verraten.
- In einem Einleitungsteil wird zunächst über Ort und Zeit, den normalen Alltag, informiert (*„Orientierungsteil"*), z. B. „Wie jeden Sommer fuhr unsere Familie in den Ferien nach ..."
- Eine besondere Situation, die *„Ausgangslage"*, wird kurz vorgestellt, z. B. so: „An einem Sonntagmorgen gingen Eva und ich ..."
- In dem folgenden Hauptteil wird dann das einmalige Ereignis zunächst als Einbruch in das Alltägliche dargestellt (*„Komplikation"*), z. B. durch folgende Einleitung: „Da plötzlich hörte ich ..." und dann entsprechend anschaulich beschrieben, was das Ereignis zu einem erzählenswerten Erlebnis machte.
- Wie sich die Geschichte auflöst, wird häufig durch das Signalwort „Endlich ..." eingeleitet (*„Lösung"*).
- In einem Schlußteil kann noch beschrieben werden, wie das Erlebnis den normalen Alltag verändert hat, z. B. so: „Seit diesem Erlebnis sehe ich ..."

Dieses Ergebnis wird manchmal von der erzählenden Person auch durch einen *Kommentar* bewertet.

Übungs-vorschlag   Schreibe über ein Erlebnis mit Tieren. Wenn du dich an kein wirkliches Ereignis erinnerst, kannst du dir auch eine Geschichte ausdenken, z. B. über die Rettung eines Tieres.

Probiere verschiedene Erzählformen aus!

ab Jg. 8, E.

Wenn du im Alltag über selbst Erlebtes erzählst, wählst du ganz automatisch die Ich-Form. Gibst du wieder, was andere erlebt haben, wählst du, ohne lange nachzudenken, die Er- oder Sie-Form.

In der Literatur werden Erzählformen ganz bewußt eingesetzt – je nachdem, wie sich der Erzähler selbst sieht („Erzählerhaltung") und welche Wirkung erreicht werden soll.

a) Wird aus der Augenzeugenperspektive objektiv wiedergegeben, was wahrzunehmen ist oder war, wird die **neutrale Erzählhaltung** mit der Er/Sie-Form gewählt. „Während sie nach vorne lief, hielt er sich die Augen zu. Dann nahm sie ..."

Diese Erzählform kennst du von sachlichen Berichten, z. B. über einen Verkehrsunfall. Beim Kreativen Schreiben bietet sie sich dann an, wenn du zeigen willst, daß nur *Teile* einer umfassenden Wirklichkeit wahrgenommen werden können.

Als Erzähler könntest du diese Haltung einnehmen: „Seht her, dies alles war oder ist mit meinen Sinnesorganen wahrzunehmen, und ich stelle es euch als Augenzeuge so genau wie möglich dar. Was aber dahintersteckt – Ursachen, Gefühle, Gedanken, ... –, weiß ich auch nicht. Zieht eure eigenen Schlüsse!"

b) In der traditionell geschriebenen Dichtung und in der „trivialen" Unterhaltungsliteratur begegnet dir meistens eine andere Erzählform. Das folgende Beispiel soll sie veranschaulichen: „Sie dachte nur kurz an ihre Verletzung und lief dann mutig nach vorn, um zu helfen. Er dagegen glaubte, ..."

Hier erzählt der **allwissende Erzähler**. Er ist in das Geschehen selbst nicht verwickelt; er blickt von außen. Er kennt aber die Gedanken und Gefühle seiner Figuren und stellt sie in der Er/Sie-Form, zum Teil mit eigenen Kommentaren dar.

Mit dieser Erzählform – sie wird auch **auktorial** genannt (von lat. auctor: Urheber, Ratgeber) – können die Leser/innen besonders gut geleitet werden. Wenn der Erzähler so tut, als wisse er oder sie alles, was außen und in der Innenwelt der Figuren abläuft, kann diese Haltung bei den Lesenden aber auch Distanz erzeugen: Sie sehen dann ebenso auf das Geschehen von oben herab.

c) Ganz anders ist die Wirkung, wenn so oder ähnlich erzählt wird: „Da war es passiert. Dicht vor mir. Aber meine Verletzung! Durfte ich darauf Rücksicht nehmen? Nein! Dann stürzte ich zum brennenden Auto, um zu helfen."

Hier beschreibt ein **Ich**, was es selbst erlebt hat, und gibt eigene Gedanken in der Form eines „inneren Monologs" wieder.

Diese Erzählform – sie wird **personal** genannt – wirkt für die Lesenden wegen ihres persönlichen Charakters besonders glaubwürdig. Die Nähe zum erzählenden Ich lädt ein zum Miterleben oder sogar zur Identifikation.

Wichtig ist in diesem Zusammenhang, daß das erzählende Ich in der Literatur nicht automatisch mit dem Verfasser des Textes gleichgesetzt werden darf. Das Ich ist nämlich ebenso wie die anderen Figuren des Textes eine literarische Erfindung („Fiktion")! (Ausgenommen sind davon die „Ichs" in Tagebucheintragungen, Briefen, persönlichen Stellungnahmen, Lebensläufen.)

Du kannst z.B. aus der Sicht eines besonders mutigen oder ängstlichen Ichs schreiben oder als Junge eine weibliche Perspektive übernehmen. (Leseempfehlung ab Jg. 11: „Drachenblut" von Christoph Hein).

Besonders reizvoll kann es sein, Gestalten zu wählen, die ganz anders als du oder deine Leser/innen handeln, denken, fühlen und sprechen, vielleicht, weil sie aus einem anderen sozialen Milieu oder einem fremden Land kommen.

Eine Sonderform des personalen Erzählens liegt dann vor, wenn zwar aus der Perspektive einer erfundenen Figur erzählt wird, aber nicht die Ich-Form, sondern die **Er- oder Sie-Form** gewählt wird:

„Sie hatte es geahnt. Nun war sie wieder einmal in einen Unfall verwickelt. Warum immer sie? Nicht nachdenken, handeln mußte sie!"

Erproben kannst du auch die Möglichkeit, innerhalb eines Textes aus verschiedenen Perspektiven zu schreiben. Dadurch kannst du anschaulich zeigen, wie unterschiedlich äußere und innere Vorgänge gesehen werden können.

Übungs-
vorschläge

ab Jg. 8

1. Beschreibe einen Verkehrsunfall, wie er in den obigen Beispielsätzen angedeutet worden ist, in verschiedenen Erzählformen, und besprich anschließend mit einem Nachbarn die verschiedenen Wirkungen.

a) Berichte *neutral* aus der Sicht eines objektiven Augenzeugen.

b) Erzähle *auktorial* als allwissender Erzähler über das Geschehen und die Gedanken und Gefühle der Beteiligten.

c) Erzähle *personal* aus der Sicht eines Ichs, das dabei war – auch über dessen Gedanken und Gefühle. Erprobe dabei das Selbstgespräch in der Ich-Form, den „inneren Monolog".

d) Verwende die personale Erzählweise in der Er- oder Sie-Form.

2. (ab Jg. 9) Schreibe in der Ich-Form aus der Sicht eines jugendlichen Ausländers, der aus seiner fernen Heimat flüchten mußte, über seine Überraschungen, Erfahrungen, Hoffnungen, Ängste, …
— Beziehe mit ein, daß vieles für ihn fremd ist und er anstelle treffender Begriffe nur Umschreibungen wählen kann.
— Schreibe anschließend zu einzelnen Sinnabschnitten Texte aus der Sicht anderer Figuren (z. B. Freund, Gegner).
— Schneide danach die einzelnen Sinnabschnitte auseinander, und klebe sie zu einem mehrperspektivischen Montagetext neu geordnet zusammen.

Gestalte die Zeit!

ab Jg. 6, E.

Wenn du ein Geschehen in einem Text wiedergeben willst, kannst du die erzählte Zeit auf verschiedene Weise gestalten.

a) Du kannst dich an dem Ablauf der Ereigniskette orientieren und der Reihe nach ein Detail nach dem anderen erzählen: **chronologisch, einsträngig**. Nachdem die Leser/innen in die Situation (Ort, Zeit, Personen, …) eingeführt worden sind, konzentriert sich dein Schreiben auf den spannenden Höhepunkt oder die Pointe am Schluß (vgl. „Erprobe eine Geschichten-Grammatik", S. 48).

b) Wenn nicht die an der Uhrzeit orientierte Reihenfolge wichtig ist, sondern das „Drumherum", kannst du die einsträngige Erzählweise durch **Rückwendungen** oder **Vorausdeutungen** aufbrechen. Du kannst z. B. die Hintergründe für das gegenwärtige Geschehen hervorheben oder in den Mittelpunkt stellen, was eine Figur alles vorausahnt.

Dein Schreiben ist dann nicht auf einen Höhepunkt ausgerichtet, sondern konzentriert sich auf Details, vor- oder zurückliegende Zeitabschnitte, Wege, alternative Möglichkeiten.

c) Wenn du die Bedeutung einzelner Abschnitte eines Geschehens oder eines ganzen Lebens besonders hervorheben willst, kannst du die Zeit des Erzählens **dehnen**. Wenn du unwichtige Teile zusammenfassen willst, kannst du die Erzählzeit auch **raffen**.

d) Bekannt sind dir sicher die Regeln, die grammatische Zeit, das Tempus, richtig einzusetzen (z. B. Vorvergangenes im Plusquamperfekt) und die Zeitform nicht zu wechseln. Beim Kreativen Schreiben kannst du aber bewußt davon abweichen und durch den **Zeitwechsel** besondere Akzente setzen, z. B durch Sprünge ins Präsens, um eindringlich Nähe spüren zu lassen.

*Übungs-
vorschläge*

1. Zur **Zeitdehnung**: (ab Jg. 6) Stelle dir die letzten 20 Sekunden vor dem nächsten Ferienbeginn vor. Schreibe nach der Methode „Automatisches Schreiben" (s. S. 34) möglichst schnell alles auf, was du denkst, fühlst, wahrnimmst. Gib dabei, wie bei einem „Count down", zwischendurch die noch verbleibenden Sekunden an.

2. Zu **Rückwendungen** und **Vorausdeutungen**: (ab Jg. 8) Stelle dir eine Figur vor, die sich in einer schwierigen oder freudigen Situation befindet. Sie hat sich beispielsweise beim Klettern in den Alpen verstiegen; es scheint kein Vor und Zurück zu geben. Oder: Der/die Freund/in hat sich nach dem letzten Streit wieder zu einem Besuch angemeldet, kommt aber nicht.

Schreibe aus der Ich-Perspektive über die gegenwärtige Situation mit dazwischengeschobenen Erinnerungen, Hoffnungen und Befürchtungen.

Schreibe anschaulich und anregend!

Stelle das, was du denkst, fühlst und zeigen willst, anschaulich dar („Darstellungsstil").

Dabei können helfen: eine bilderreiche Sprache, Beispiele, Vergleiche, farbige Adjektive, Wiedergabe von verschiedenen Sinneswahrnehmungen, wörtliche Rede.

Vermeide also den trockenen „Mitteilungsstil".

Bevorzuge den *Verbalstil*, denn Verben wirken lebendiger als Nomen. (Abschreckendes Beispiel für „Nominalstil": „Die Bevorzugung einer Häufung von Nomen hat Verringerung der Aufmerksamkeit und Unbeweglichkeit des Denkvorgangs zur Folge.")

Aktiviere deine Leserinnen und Leser!

Rege sie an, sich eigene Vorstellungen zu machen. Langweile sie nicht durch belehrende oder interpretierende Erklärungen. Bringe sie dazu, Gewohnheiten beim Wahrnehmen, Denken und Fühlen in Frage zu stellen.

Dem Gegenstand deines Schreibens und der gewählten Textsorte entsprechend kannst du folgende Mittel erproben:

• überraschender Anfang (mitten hinein ohne langatmige Vorgeschichte), • direkte Leseranrede (Du-Sie-Form), • Andeutungen und Vorausdeutungen, • mehrdeutige Aussagen, • ungewöhnliche Bilder, Vergleiche, Metaphern, • eigene Wortschöpfungen (evtl. sogar eigene Rächt-Schrei-bung), • irritierende oder sogar provozierende Formulierungen (Hier können wir von Werbetexten lernen, die es immer wieder schaffen, uns mit spielerischen Veränderungen von normalen Sprachmustern neugierig zu machen.), • offener Schluß.

II. Von Mustern lernen

Wenn hier Muster und stilistische Mittel aus dem *erzählenden* (S. 52 ff.) und *lyrischen* Bereich (S. 58 ff.) vorgestellt werden, sind sie als Angebote gedacht. Sie sollen nicht einschüchtern, sondern neugierig machen und zeigen, welche Schreibformen sich bewährt haben. Tips zum Dialog-Schreiben finden sich beim Vorhaben „Hörspiel" (s. S. 123).

Bei den vorgeschlagenen Übungen soll durch eigenes Ausprobieren erfahren werden, daß richtig verstandene Muster nicht einengen, sondern eigene Schreibfähigkeit erweitern können.

„Erzählen" kann zwar jeder; es gibt aber bewährte Bauformen, die man sich ansehen sollte und sich zu eigen machen kann, wenn sie zu dem passen, was man schreiben möchte.

Muster aus dem Bereich *Erzählen:*

Witze

ab Jg. 5, 2er–6er Gr.

Hast du die Situation schon selbst erlebt: Du erzählst etwas, worüber andere am Schluß eigentlich lachen sollen, und dann ist nur ein müdes „Harrharr" das Echo? Etwas ist da schief gelaufen!

Bei keiner anderen erzählenden Textsorte hängen Erfolg und Mißerfolg so sehr von der Form ab wie beim Witz.

Ziel   Es soll auf Wirkung gerichtetes Erzählen gelernt werden. Dabei helfen uns Spaß und direkte Erfolgskontrolle durch die Gruppe. Also, los geht's!

Anleitung   1. Jeder schreibt einen Witz auf. (Sexuelle Witze und Witze über Minderheiten sind unerwünscht.)

Wenn dir keiner einfällt, hier zur Erinnerung einige Witzarten: Witze über Mißverständnisse (z.B. über das, was gesagt wird, oder über die Beurteilung einer Situation), Tierwitze, Figurenwitze (z.B. Klein Erna, zerstreuter Professor, Maus und Elefant), politische Witze.

2. Die Witze werden in der Gruppe vorgelesen und nach drei Gesichtspunkten beurteilt: A: gelungen, B: etwas stört oder fehlt, C: mißlungen.

3. Sprecht darüber, worauf es beim Witzeerzählen ankommt. Versucht dann, Hilfen für wirkungsvolles Erzählen zusammenzustellen. Aus der Untersuchung zahlreicher gelungener Witze lassen sich folgende Tips ableiten:

– Formuliere zunächst den genauen Wortlaut des Schlußsatzes, der „Pointe".

– Erzähle im Präsens.

– Stelle „szenisch" dar (Ort, Figuren, wörtliche Rede, Geschehen).

– Laß alles Nebensächliche, was für die Pointe keine Bedeutung hat, weg.

– Überlege dir einen auf die Pointe zielenden Aufbau. Die meisten Witze sind dreigliedrig: Einleitung (wer? wo?), Geschehen (was? wie?), Auflösung in der Pointe.

– Denke beim Vortragen an die richtigen Pausen.

Beispiel   Kommt ein Sohn zu seiner Mutter nach Hause. „Mami, ich will nicht mehr in die Schule!" „Aber warum denn nicht?" „Die Jungen bewerfen mich mit Kreide, und die Mädchen lachen mich immer aus." „Ach, mein Sohn, mach' dir nichts draus! In zwei Jahren genießt du doch deine Lehrerpension."

Training   1. Nach dem Theorieteil neue Schreibrunde, s.o. 1. und 2.!

2. Jeder schreibt einen neuen Witz auf und läßt Wichtiges weg oder baut einen Fehler ein (auch als Hausaufgabe). Ein anderer soll berichtigen.

Ein Vorschlag zum Schluß:

Die besten Witze werden gesammelt, vervielfältigt, eventuell durch Bilderwitze ergänzt und z.B. als schön gestaltete Geburtstagskarten verschenkt.

Märchen

Wie ist heute dein Verhältnis zu Märchen? Magst du sie nach wie vor oder nach mehrjähriger Pause schon wieder? Oder meinst du, aus dem „Märchenalter" raus zu sein?

So oder so, nach Märchenmustern zu schreiben, macht in jedem Fall Spaß. Wir können z.B.

- versuchen, Parallelmärchen zu schreiben,
- mit Hilfe eines Märchens gegen eigene Ängste anschreiben,
- Parodien schreiben (dabei bleibt die Form erhalten, der Inhalt aber ist absichtlich unpassend) oder
- typische Elemente von Märchen (z. B. Wirkung von Zauberformeln) für moderne Märchen verwenden.

Damit du noch besser Bescheid weißt, was zu den meisten Märchen gehört, sind für dich die folgenden fünf Gesichtspunkte zusammengestellt:

a) <u>Typisches Erzählgerüst</u>

Ausgangslage: Ohne ausführliche Beschreibung werden Figuren in einer Szene vorgestellt („In einer Mühle lebte ein alter Müller, der hatte …“. „Es war einmal ein Brüderchen und ein Schwesterchen, die hatten sich herzlich lieb.“).

Problem: Es wird ein Mangel oder eine Störung angesprochen (z. B. Armut, Unzufriedenheit, Liebesverlust, Bosheit einer Person, Bedrohung durch einen Schicksalsschlag, Verwünschungen, …).

Lösungsversuche: Der Held/die Heldin bricht auf, gerät in Schwierigkeiten (unüberwindbar erscheinende Hindernisse, Proben oder Gegner/in) und überwindet sie schließlich. Dabei helfen häufig übernatürliche Wesen oder sprechende Tiere.

Happy End: Der/die Gute wird belohnt, das Böse wird bestraft.

b) <u>Kontrastfiguren</u>

Held/innen sind häufig Einzelpersonen, die kein großes Ansehen genießen (der/die Jüngste, Kleinste, angeblich Dümmste). Ihnen stehen meist Kontrastfiguren gegenüber, die z. B. herzlos, eitel, geltungssüchtig, grausam sind.

c) <u>Kein Wundern über Wunder</u>

Märchenheld/innen können und wissen mehr als die normalen Menschen. Sie wundern sich z. B. nicht über Wunder, sie hören Tiere sprechen, begegnen magischen Helfern und erhalten von ihnen Gaben mit Zauberkraft (z. B. drei Nüsse, lebensrettende Zauberformeln oder Verhaltenstips).

d) <u>Ängste in Person</u>

Im Märchen bekommen normalerweise schwer greifbare Ängste und Ursachen von Problemen eine Gestalt. Sie werden personifiziert in „Angstfiguren“ (z. B. böse Stiefmutter, Hexe, Teufel, Riese und Räuber). Jetzt sind sie nicht nur greifbar, sondern auch angreifbar und besiegbar!

e) <u>Die Moral von der Geschicht</u>'!

Über den Nutzen bzw. Schaden von Märchen in der Erziehung ist viel diskutiert worden. Besonders umstritten sind die „Wertmaßstäbe“. Ist das Verhalten, das belohnt wird, z. B. gottergeben, folgsam und geduldig zu sein, auch heute noch wertvoll?

Hier mußt du genau hinsehen und Märchen unterscheiden. Manche wurden früher wirklich erzählt, um den Hörern bürgerliches Wohlverhalten nahezubringen.

In anderen Märchen aber werden Werte vermittelt, die auch heute noch bedeutsam sind.

Beispiele: Der Mut, aus einer heimischen, aber doch erstarrten Umwelt aufzubrechen („Das tapfere Schneiderlein“), der unerschütterliche Glaube an eine scheinbar für immer zerstörte Liebe („Das singende springende Löweneckerchen“, „Rapunzel“, „Jorinde und Joringel“) und – heute besonders wichtig – das Hinhören auf Stimmen in der Natur („Die weiße Schlange“).

ab Jg. 5, E.

Schreibvorschläge

1. Schreibe, ohne lange nachzudenken, die Titel von sieben Märchen auf. Welches ist davon dein liebstes? Welches gefällt dir nicht?

Versuche herauszufinden, wodurch du zu diesem Urteil gekommen bist. Sprecht in der Klasse/Gruppe darüber.
Schreibe nach dem gleichen Muster ein eigenes Märchen. Von dem abgelehnten kannst du die Elemente, die dir mißfielen, übertreiben (z. B. die Grausamkeit bei der Bestrafung der Bösen oder die geduldige, naive Haltung des Helden).
2. Schreibe zu einem bekannten Märchen einen anderen Schluß.
3. Erfinde zu einem Problem, das du kennst, eine „Angstfigur" (Hexe, Teufel, ...) und einen Helden oder eine Heldin. Schreibe nach dem typischen Erzählgerüst ein Märchen (s. o. Punkt a).
4. (ab Jg. 7/8, E.) Nimm das Muster eines klassischen Märchens und ersetze die Personen, Dinge, ... durch moderne.
5. (ab Jg. 7/8, E.) Schreibe eine Parodie zu einem bekannten Muster (z. B. „Rotkäppchen"), d. h., hier soll die Form erhalten bleiben; der Inhalt wird unpassend verändert.
6. (ab Jg. 8/9, E.) Schreibe ein Märchen, in dem Verhaltensweisen und Werte vermittelt werden, die du selbst gut findest.
7. (ab Jg. 10/11, E.) Schreibe ein ideologisches Märchen, in dem eine Moral vertreten wird, die du ablehnst.

Fabeln

ab Jg. 6, E. oder Gr.

Zur Sache „Fabelhaft" im neuhochdeutschen Wortsinn ist nichts, worum es in Fabeln seit über 2500 Jahren geht. Ganz im Gegenteil: Ihr Gegenstand waren und sind menschliche Schwächen, Schwierigkeiten und gesellschaftliche Mißstände.
So kritisierte z. B. der griechische Sklave Aesop die Lage der Unterdrückten. Und auch Luther, Lessing und Schriftsteller/innen des 20. Jahrhunderts bedienten sich dieser erzählenden Kurzform, um die gegebenen Verhältnisse zu kritisieren.

Ziel Dieser inhaltliche Aspekt der Fabel macht sie auch für unser Schreiben interessant, denn Gründe, Kritik zu üben, gibt es mehr als genug. Darüber hinaus kann das, was durch die Beschäftigung mit der Form der Fabel exemplarisch gelernt wird, helfen, die eigenen Ausdrucksmöglichkeiten zu erweitern.

Vorschläge 1. Themen finden   E. oder 6er Gr.
zum Vorgehen – Gehe aus von allgemeinmenschlichen Erfahrungen.
(Eine gute Quelle hierfür sind Sprichwörter und Redensarten.)
Schreibe in 5 Min. so viele wie möglich davon auf! Vergleiche mit den Ergebnissen der Gruppenmitglieder, und übernimm, was dich interessiert. Wähle ein Thema.
– Greife gesellschaftliche Probleme auf (z. B. Umwelt, Konsum, Leistungsdruck).
    Vorgehen und Auswahl wie oben.

54

- Konzentriere dich auf eigene Erlebnisse und Erfahrungen (von dir oder anderen). Wo hast du etwas erlitten, wovon andere etwas erfahren sollten (z. B. Abhängigkeit von Erwachsenen oder Gruppenzwängen)? Was möchtest du kritisieren? Für welches Verhalten möchtest du deine Leserinnen und Leser aktivieren?
  Vorgehen und Auswahl wie oben.

2. Darstellungsmöglichkeiten suchen   E. oder 6er Gr.

Du überlegst dir *allein*, wie du dein Thema gestaltest. Dabei kannst du folgende Tips nutzen:

- Erfinde *Schwarzweiß-Figuren* (z. B. einen dummen, angeberischen großen Jungen und ein pfiffiges kleines Mädchen), und entwirf eine dazu passende Handlung mit Aktion und Reaktion (Sie stoßen z. B. auf dem Schulhof zusammen). Was tut/sagt er, wie reagiert sie? Wie antwortet sie darauf? usw.
- *Verschlüssele* die Handlungsträger als Tiere, Pflanzen oder Dinge mit typischen Eigenschaften. Sie sind sozusagen nur Demonstrationsobjekte für Schwarzweiß-Verhältnisse.
- Überlege, wen du dir als Leser/innen vorstellst, und *was* du mit deiner Fabel *bewirken* willst (z. B. zum Nachdenken anregen, zur Veränderung aufrufen, Bloßstellen), und erfinde dazu passend die Bausteine deiner Fabel – vor allem Handlung und verschlüsselte Handlungsträger.
- Erzählt wird im *Präteritum*, und zwar so, daß die Handlung als wirklich geschehen vorstellbar ist.
- Überlege, ob du das typische *Aufbau-Schema* vieler Fabeln übernehmen willst: Situation/Rede oder Handlung/Gegenrede bzw. Gegenhandlung/Ergebnis als Pointe, z. B. Umkehrung der Ausgangssituation als Erfolg bzw. Mißerfolg oder eine direkt formulierte „Lehre".

Reizvoller, als allein zu überlegen, wie das Thema gestaltet werden könnte, ist es, die Ideen *gemeinsam* zu entwickeln.

- Nachdem du dein Thema gefunden hast, schreibst du es auf eine leere Seite und kreist es ein. Dazu notierst du stichwortartig, welches Ziel du mit deiner Fabel anstrebst.
- Wenn alle Gruppenmitglieder mit ihren Blättern fertig sind, werden diese mit folgender Bitte nach links weitergegeben: „Schreibe alles auf, was dir zu meinem Fabelthema einfällt: Figuren, passende Situation, Handlung und Verschlüsselungsmöglichkeiten (Tiere, Pflanzen, Dinge). Auch abwegig erscheinende Einfälle sind erwünscht."

3. Darstellen

Angeregt durch die Vorschläge der Gruppe beginnt jetzt die Ausarbeitung. Entweder in aller Ruhe zu Hause oder mit Zeitbegrenzung (20 Min.) für einen ersten Entwurf, der dann in der Gruppe besprochen und anschließend überarbeitet werden kann.

4. Variationen schreiben   ab Jg. 10, E.

Wenn dich ein Thema besonders interessiert, kann es sehr reizvoll sein, eine Gegenfabel aus der anderen Perspektive zu schreiben – z. B. aus der Sicht des vorher kritisierten Erwachsenen.
Diese Übung fördert Distanz, eine notwendige Voraussetzung für (beachte die Wortbedeutung!) Ent – wicklung.

Kurzgeschichten

In der Kurzgeschichte geht es inhaltlich meistens um eine außergewöhnliche Situation im Leben von ein bis drei Hauptfiguren: z. B. einen in das gewohnte Leben hereinbrechenden Schicksalsschlag, ein bedeutsames Ereignis, das anders abläuft als erwartet, eine das Leben verändernde Situation.

Typisch für die Form sind folgende Merkmale:
• unvermittelter Einstieg (s. u. Anfangssätze), • eine der folgenden Erzählerhaltungen: entweder die „neutrale" eines Augenzeugen oder die „personale" aus der subjektiven Perspektive einer betroffenen Figur in der Ich- oder Er/Sie-Form (s. S 48 f.), • knapper Erzählstil ohne erläuternde Erzählerkommentare, • einfacher Satzbau (z. B. nur aneinandergereihte Hauptsätze, d. h. Parataxe), • häufiger Gebrauch der wörtlichen Rede, • irritierende Andeutungen und Weglassungen von Zwischenschritten, • häufig ein unerwarteter „offener Schluß" ohne Entscheidung, Lösung oder abschließende Bewertung.

Die Leser/innen werden also in das Geschehen hineingezogen und zum eigenen Mit- und Weiterdenken angeregt.

Schreib-
vorschlag

1. Suche dir von den vorgelegten Anfängen moderner Kurzgeschichten den aus, der dich am meisten zum Weiterschreiben anregt.

2. Wähle danach einen interessanten Schluß aus, und schreibe das Zwischenstück. Versuche beim Schreiben deiner Kurzgeschichte, die genannten Merkmale zu berücksichtigen.

Als Inhalte bieten sich an:
• ein spannendes Ereignis (z. B. ein Unfall, ein Rennen, …),
• ein besonderer Lebensausschnitt mit Folgen (z. B. Begegnung in einem fernen Land).

Anfangssätze:
1. „Sie sahen ihn schon von weitem auf sich zukommen, denn er fiel auf." (S. 8)
2. „Martin kam herein und legte das Taschenmesser auf den Tisch." (S. 13)
3. „Redluff sah, das schrille Quietschen der Bremsen noch in den Ohren, wie sich das Gesicht des Fahrers ärgerlich verzog." (S. 27)
4. „Plötzlich wachte sie auf. Es war halb drei." (S. 31)
5. „Mir hatte die Sache von Anfang an nicht gefallen." (S. 35)

Schlußsätze:
1. „Aber er sah seine Schuhe nicht. Er dachte immerzu an das Wort Paradies". (S. 10)
2. „Und die fremden Soldaten lachten noch immer und steckten ihm ein zweites Päckchen Kaugummi in die Jackentasche." (S. 13)
3. „Der Kordon (Absperrung) der Polizei, der eben noch die applaudierende Menge zurückgehalten hatte, löste sich langsam auf. Sie kamen auf ihn zu." (S. 31)
4. „Ach, mein kleiner Bruder, mein kleiner Bruder. –" (S. 43)
5. „Da schien er mir plötzlich sehr allein." (S. 92)

(Die Zitate sind folgender Quelle entnommen: Piedmont, Ferdinand (Hg.). Textsammlung moderner Kurzgeschichten. Frankfurt a. M.: Diesterweg)

<u>Was kennzeichnet die Satire</u>?

Ziel der Satire ist es, bestimmte Personen, Anschauungen, Verhaltensweisen, Ereignisse oder Zustände zu kritisieren.

Dabei wird das, was kritisiert werden soll, nicht direkt angegriffen und einer besseren Wirklichkeit gegenübergestellt wie z. B. bei einem engagierten Kommentar in einer Zeitung; sondern es wird das, was eigentlich gemeint ist, ironisch ins Gegenteil verkehrt. Beispiel: Ein Vorgesetzter/Lehrer, von dem bekannt ist, daß er ständig seine Macht herausstellt, wird nicht als autoritär und angsteinflößend bezeichnet, sondern so dargestellt, als bemühe er sich aufopferungsvoll und unermüdlich um das Wohl seiner Untergebenen.

Satiren haben unterschiedliche „Härtegrade": So können sie z. B. durch ironisch-komische Darstellung bei den Leser/innen ein einfaches Schmunzeln bewirken oder durch bissige oder aggressive Darstellung auch Verachtung oder sogar Haß (Kurt Tucholsky) erzeugen. Das hängt einmal von dem kritisierten Gegenstand ab, dann aber vor allem von dem Leidensdruck, den der Schreiber oder die Schreiberin empfindet.

An eine besondere Textart ist die Satire nicht gebunden. Sie ist eher ein Gestaltungsmittel, ein Formprinzip, das in Texten aller Art zum Zug kommen kann:

- in verschiedenen literarischen Gattungen (erzählend, lyrisch, dialogisch) oder
- in Texten des Alltags (z. B. einem Stundenprotokoll).

<u>Welche stilistischen Mittel sind typisch</u>?

- Ironisches Umkehren des Gemeinten in sein Gegenteil, • Übertreibungen (Fachausdruck: Hyperbel), • Untertreibungen (ein brutales Verhalten wird z. B. mit verniedlichenden Adjektiven beschrieben), • Bauprinzip der „Häufung" (Aufreihung zahlreicher Wörter, die immer wieder das Gleiche herausstellen, • komische Kontraste (Kleinigkeiten werden beispielsweise als weltverändernde Großtaten herausgestellt), • Parodie (die äußere Form der zu kritisierenden Sache bleibt wie in der Wirklichkeit erhalten, der Inhalt wird dagegen verändert, z. B. das Ritual der Tagesschau mit komischen Inhalten), • Travestie (im Gegensatz zur Parodie wird hier der Inhalt beibehalten, die Form aber dazu unpassend verändert, z. B. Goethes „Faust" im Comic-Stil).

Vorschläge (siehe auch Vorschläge zur Fabel)
zum Vorgehen

1. <u>Themen finden</u>

ab Jg. 8, E. oder 6er Gr.

Gehe aus von dem, was dich ärgert, von dem, was deiner Meinung nach kritisiert, geändert oder verteidigt werden müßte. Berücksichtige die engere Umgebung (z. B. Gruppe, Klasse, Familie) und gesellschaftliche Bereiche (z. B. Konsumverhalten, Fernsehen, Freizeit, Autoverkehr, Umweltschutz, Politik).

2. <u>Darstellungsmöglichkeiten suchen</u>

Hier geht es vor allem um die Frage, welche Textsorte zu dem, was du sagen willst, am besten paßt.

Beispiele: bekannte literarische Formen wie Märchen, Gedicht, dialogische Szene. Texte aus dem Alltag: Bericht, Nachricht, Protokoll, Brief, Rede, Pausengespräch, Gebrauchsanweisung, Texte aus der Werbung, aus den Medien, ...

3. <u>Geschenkvorschlag</u>

Die überarbeiteten Satiren – ergänzt durch Illustrationen – werden vervielfältigt, in einem Heft zusammengefaßt und an bestimmte Personen verschenkt.

Muster aus dem Bereich *Lyrik:*

Die hier vorgestellten Muster aus dem Bereich *Lyrik* entsprechen nicht dem gängigen Vorurteil über Lyrik als „Schöner Poesie". (Danach muß sich ein Gedicht reimen, in kunstvoll gebauten Strophen gegliedert und in erhabener Sprache abgefaßt sein.)

Demgegenüber werden Formen vorgestellt, die als „Alltagsgedichte" oder „Gebrauchslyrik" bezeichnet werden können.

Sie wurzeln in der modernen Lyrik, die durch ganz verschiedene eigenwillige Formen gekennzeichnet ist.

Diese als Vorbilder zu nutzen, ist einerseits leichter, als sich von traditionellen Gedichten anregen zu lassen. Denn Schwächen oder Fehler sind nicht so offen sichtbar wie etwa Verstöße gegen ein vorher festgelegtes Strophenbau- und Reimschema. Und Erfolgserlebnisse sind eher zu erreichen; denn schon einfache Versuche wirken wie ein „richtiges" modernes Gedicht.

Andererseits ist es aber auch schwer, Freiräume und Angebote selbständig zu gestalten.

Schafft man dies – und sei es auch nur im Ansatz –, kann man stolz darauf sein, Schwierigkeiten mit eigener Kraft überwinden zu können. Stolz kann man auch auf seine Produkte sein, wenn es einem gelungen ist, • eigene Bilder gefunden zu haben (z. B. bei „Geländer-Gedichten"), wenn man • Innen- und Außenwelten genau wahrnehmen und in Sprache „verdichten" konnte (z. B. bei „Stufen-Gedichten" oder „Haikus"), wenn man • ein Selbstgespräch in einer „Zeilenkomposition" gestaltet hat, wenn man • Ungewohntes „kühn" zusammenbringen konnte („Kühne Metapher") oder wenn man Gewohntes kritisch verfremdet hat („Montagen").

Wie das zu erreichen ist, wird man vor allem über eigenes Ausprobieren erfahren.

Geländer-Gedichte

ab Jg. 5, E.

Gedichte dieser Art herzustellen ist auch für Lyrik-Anfänger nicht schwer, weil ein Bau-Muster vorgegeben wird, an dem du dich wie an einem Geländer orientieren kannst. Es werden Anstöße gegeben, die dir aber genügend Freiräume lassen für eigene Gefühle, Gedanken, Phantasien.

Bemühe dich beim Schreiben um anschauliche Formulierungen. Bilder und Verben wirken z. B. lebendiger als abstrakte Nomen mit den Endungen -heit, -keit, -ung (statt: „Meine Aufgeregtheit macht mir zu schaffen": „Mäuse tanzen in meinem Bauch"). Reime sollst du vermeiden, weil bei der Suche nach gleichklingenden Wörtern allzu leicht besser treffende, aber nicht reimende, Wörter unter den Tisch fallen.

• Am einfachsten ist das *„Reihen-Gedicht":*

Anleitung Hier werden zu einem Einleitungssatz in den folgenden etwa 10 Zeilen jeweils einzelne kurze Aussagen angereiht. Der Anfangssatz kann auch wiederholt werden.

Mögliche Anfänge:

„Ich bin eine Schülerin	Oder: „Wenn ich mehr .... hätte,
mit	würde ich ....
die gerne	Wenn ich mehr .... hätte,
zu der .... "	würde ich nicht .... "
usw.	usw.

Oder:

„Auf die Frage: Wer bist du?	(Was machst du?)
Antwortete der Lehrer:	(Polizist, Pastor, die Politikerin)
Ich bin .... "	(oder: mache ....)

- Etwas anspruchsvoller ist das *„Wie-Kon-Gedicht"*.

Der erfundene Name soll neugierig machen und zugleich das Besondere von Gedichten dieser Art andeuten: *Wie*derholung und *Kon*trast.

Schreibe nach folgendem Muster mehrere Zweizeiler, die deine Wünsche (oder auch Befürchtungen) zeigen. Den Abschluß soll ein Zweizeiler mit Kontrastcharakter bilden. Es besteht kein Reimzwang.

„Manchmal wünsch ich mir (oder: fürchte ich)

....

Manchmal wünsch ich mir

....

Aber dann ...

.... !"

Du kannst auch offener ansetzen, z.B. nach dem Muster:

„Immer wieder .... usw.

Doch dann .... !"

Wenn du willst, kannst du dich auch auf ein bestimmtes Thema konzentrieren. Dann könnten die Einleitungen z.B. so aussehen:

„Ich fühle mich in meiner Umwelt
        in der Schule
        in deiner Nähe unwohl/wohl, wenn ...

Doch manchmal ...."

Du kannst auch selbstverständlich eigene Satzanfänge erfinden. Die Kontraststrophe am Schluß sollte nicht fehlen. Sie bringt eine überraschende Wende, durch die die Leser/innen aktiviert werden, selbst nach- und weiterzudenken. Ein wichtiges Ziel von lyrischen Texten.

Stufen-Gedichte

ab Jg. 6, E.

Anleitung   Das Gedicht besteht aus 7 Zeilen mit festgelegter Wortzahl:
Erste Zeile: 1 Wort, zweite Zeile: 2 Wörter, dritte: 3, vierte: 4 und dann abfallend, fünfte: 3 Wörter, sechste: 2 und in der siebten Zeile wieder nur ein Wort.

Wirf!		Sehnsucht	
Los, wirf!		Oh, Mann!	
Endlich, er wirft!		Ich und du!	
Mann, fliegt der weit!		Ich habe solche Sehnsucht –	
Fang ihn doch!		nach den Ferien –	
Ja! Sauber!		nach dir –	
Touchdown!	(Jonas B., 12 J.)	Verdammt!	(Julia St., 12 J.)

Erprobt auch Variationen. Dabei sollten aber die Einwortzeilen nicht fehlen.

Reiz und	• Ohne „viel Worte zu machen", etwas auszusagen, • Konzentration auf Wesentli-
Schwierigkeit	ches (Das gilt für den Gegenstand bzw. die Aussage des Gedichts und für das z. T. mühsame Sammeln, Sortieren und Auswählen passender Worte.), • die vorgege- bene Stufenform wirksam zu nutzen (Auf- und Absteigen, Anfangs- und Schluß- betonung).
Einsatz-	Geeignet sind alle Themen, bei denen ein bestimmter Ausschnitt reizt: ein besonde-
möglichkeiten	rer Augenblick, eine Erinnerung, ein Vorausblick, eine Sinneswahrnehmung, … Beispiele: Blick aus einem Fenster, Gefühle beim Mogeln, Liebeserklärung an H., …

Haikus (nur für „Tüftler")

Herkunft	Das Haiku ist das kürzeste Gedicht der Welt. Es ist seit dem 13. Jahrhundert in Japan verbreitet und ist inzwischen auch bei uns sehr beliebt. Seine strengen Formvorgaben – nur 3 Zeilen mit 5, 7 und 5 Silben – fordern aber auch noch mehr Konzentration und Experimentierfreude als das Stufengedicht.
Anleitung	Inhaltlich ist das Haiku häufig nach folgendem Muster aufgebaut: Ein Gegenstand, eine Person, eine Situation oder ein Thema wird in den ersten zwei Zeilen aus- schnitthaft möglichst treffend dargestellt und dann am Schluß mit einer Pointe abgerundet. Themenvorschläge: „Mein Fahrrad", „Mein Schreibtisch", „Mein(e) Freund(in)", „Der Torwart beim Elfmeter", „Wiedersehen", „Abschied". Hier ein Beispiel:

> Freiheit
> Hellblauer Himmel
> Vogelschwärme ziehen fort
> Ich will auch fliegen!   (Anna V., 15 J.)

Zeilenkompositionen

Wenn du Texte dieser Art oberflächlich liest oder vorgelesen bekommst, wirken sie manchmal wie ein Alltagstext, z. B. eine Tagebuchnotiz oder ein Brief. Ihren beson- deren Charakter erkennst du erst richtig, wenn du dir genauer ansiehst, wie sie gemacht sind: Der Gedankenfluß wird durch die Zeilenenden verschieden langer Zeilen unterbrochen. Du wirst dadurch aufgefordert, langsamer zu lesen und ent- deckst dabei vielleicht, wie die inhaltliche Aussage durch die besondere Zeilenkom- position erweitert oder verstärkt wird.

Anleitung	1. Schreibe einen kurzen Prosatext, in dem ein Ich über sich und die anderen spricht. Du kannst auch die folgenden Sätze als Ausgangsmaterial für die anschlie- ßende Aufgabe übernehmen: „Sagt ruhig wieder über mich, was ihr denkt. Ich werde mich nicht dran stoßen. Ich werde zuhören, und dann werde ich gelassen weggehen."

2. Schreibe jetzt 3 verschiedene Zeilenkompositionen. Dafür sollst du das Wortmate- rial in der selben Reihenfolge belassen, es aber auf 10 Zeilen jedesmal anders ver- teilen. Dieses Verfahren wird *„Zeilenumbrechen"* genannt.

Welche Fassung gefällt dir am besten? Hast du neue Akzente entdeckt? Wodurch sind sie zustande gekommen?

Wirkung der Zeilenkomposition

Wenn ein Satz durch Zeilengrenzen unterbrochen wird (Fachbegriff: Zeilensprung oder Enjambement), bekommen Wörter oder Satzteile durch ihre besondere Stellung – am Zeilenanfang oder -ende oder gar isoliert in einer Zeile – mehr Gewicht und möglicherweise *neue Akzente*. Wenn beispielsweise die Worte „ich werde" zweimal in einer Zeile isoliert stehen, verweisen sie vielleicht auf Wünsche des schreibenden Ichs, sich aus der Abhängigkeit von den anderen zu lösen, sich zu entwickeln, zu wachsen.

Ein Zeilensprung kann auch die inhaltliche Aussage eines normalen Satzes so verändern, daß isolierte Teile *mehrdeutig* wirken und so unterschwellig Mitgedachtes zum Vorschein kommt.

Vergleiche: „Ich werde mich nicht dran stoßen." und „Ich werde mich nicht / dran stoßen."!

Du kannst sogar durch den Zeilensprung Teile einzelner Wörter herausstellen und so zum Nachdenken anregen. Das harmlose Wort „unterrichten" bekommt z.B. durch eine Verteilung auf zwei Zeilen „unter/richten" bedrohlich klingende Untertöne.

Ähnlich nachdenklich können deine Leser/innen werden, wenn du die folgenden Beispiele in entsprechendem Zusammenhang zerlegst:

Ent-/täuschung, Rechtschrei-/bfehler, not-/wendig, un-/gewollt, wunsch-/los, ent-/wickeln, er-/fahren, be-/greifen, er-/leben, unter-/suchen, aus-/drücken, Eigen-/sinn.

Schreib-vorschlag

Schreibe eine Zeilenkomposition, in der mindestens zwei der eben genannten Beispiele verarbeitet werden.

Mögliche Themen: „Beziehung", „Entwicklung", „Neue Schule".

„Kühne" Metaphern

ab Jg. 8, E. und Gr.

Du kennst die Möglichkeit, durch Vergleiche anschaulicher zu erzählen. Metaphern sind verkürzte Vergleiche. Zwei Bereiche, die normalerweise nicht verbunden sind, werden sprachlich verknüpft. Die Bedeutung aus dem Vergleichsbereich (z.B. Natur) wird auf den anderen übertragen, um ihn damit in seiner Besonderheit zu charakterisieren (s.a. S. 17).

In der Alltagssprache haben wir zahlreiche Metaphern, bei denen dieser ursprüngliche Vergleichsvorgang gar nicht mehr nachvollzogen wird. Sie sind „habitualisiert", das heißt, wir haben uns an sie gewöhnt. (Beispiele: Tischbein, Augapfel, Ohrmuschel).

Eine andere Funktion hat die Metapher in bewußt gestalteten Texten – v.a. in der Lyrik –: Hier werden Bereiche zusammengebracht, die auf den ersten Blick keine Gemeinsamkeit haben (Beispiel: „Schwarze Milch der Frühe" aus dem berühmten Gedicht „Todesfuge" von Paul Celan). Die Teile werden „kühn" verknüpft (Harald Weinrich). Durch diese ungewohnte Zusammenstellung werden wir zunächst irritiert, denn nach logischen Überlegungen (linke Hirnhälfte) „paßt das nicht zusammen". Zugleich wird aber unsere rechte Hirnhälfte angeregt: Wir sehen neugierig hin, assoziieren Bilder und entdecken neue mögliche Zusammenhänge.

Dabei wird folgendes deutlich: Die durch die Metapher erzeugte neue Welt ist nicht abgeschlossen oder gar eindeutig definierbar. Ihre besondere Aussage entsteht erst durch die aktive Denk- und Einfühlarbeit der Lesenden.

Anregung: Günter Waldmann

Mit Hilfe der folgenden Übung kann das eben Erklärte umgesetzt werden. Ausgang ist ein „Metaphern-Baukasten"

1. haftpflichtversichert	4. schmutzabweisend	1. Zukunft	4. Umwelt
2. pflegeleicht	5. stromlinienförmig	2. Hoffnung	5. Liebe
3. fahrplanmäßig	6. vollautomatisch	3. Jugend	6. Glück

1. Vorbereitung

Mit Hilfe eines Würfels (Ersatz: 6 Papierschnitzel als Zahlenlose) werden zunächst 4 Zahlenpaare ermittelt. Die erste Zahl legt jeweils ein Adjektiv, die zweite ein Nomen fest. Von den so entstandenen „kühnen Metaphern" wählt die Gruppe eine aus, die möglichst ungewohnt klingt (s. o. 6 und 3: „Vollautomatische Jugend").

Variation: Ihr bastelt einen eigenen Metaphern-Baukasten mit 6 anderen Adjektiven und Nomen, und zwar solche, die aus eurem eigenen Umfeld stammen, z.B. tierfreundlich, musikalisch, affektiert, abgeschlafft, tafelfertig, abwaschbar; Familie, Klasse, Mädchen, Freundschaft, Schlüsselerlebnis, Abholzung, Tagebuch.

In den folgenden Schreibphasen ist jeder für sich krea(k)tiv. So wird deutlich herauskommen, wie eine kühne Metapher durch ihre „Impulskraft" unendlich viele ungeahnte Vorstellungen hervorrufen kann.

2. Stoffsammlung

Schreibe zu der Metapher alles auf, was dir spontan einfällt. Gute Hilfen leisten dabei die Methoden „Automatisches Schreiben" und „Cluster" (s. S. 34 ff.).

Du kannst entweder die Metapher ungetrennt ca. 8 Min. in die Mitte stellen oder die Teile nacheinander erschließen. In unserem Beispiel also zunächst 4 Min. „vollautomatisch", danach 4 Min. „Jugend". Dieser zweite Weg ist reizvoller (größere Bandbreite der Einfälle), die Ergebnisse sind aber schwerer zusammenzubringen.

Wenn du willst, kannst du deine Stoffsammlung mit anderen vergleichen und anschließend erweitern.

3. Herstellen eines Metapherngedichts

Du schreibst zunächst als wiederholten Akzent die Metapher in die erste, mittlere und letzte Zeile einer leeren Seite. Spürst du, wie der freie Raum geradezu nach mehr ruft? Wähle aus deiner Stoffsammlung die Einfälle aus, die zum Selberdenken und Weiterfühlen anregen, und schreibe sie in Kurzform jeweils in höchstens 3 Zeilen. Nutze auch, was du über Bau und Funktion von Zeilenkompositionen gelernt hast.

Vermeide einen erzählenden Text mit Erklärungen. Überlaß die Verknüpfungsarbeit deinen Lesern und Leserinnen.

Montagen

Bei Montagegedichten geht es meistens nicht um Gefühle, Erinnerungen, persönliche Erfahrungen und Selbsterkenntnis, sondern um das Verarbeiten von Sprachmaterial, mit dem wir täglich über alle zur Verfügung stehenden Medien konfrontiert werden.

Der Reiz besteht bei diesen Gedichten darin, Sprachmaterial aus seiner gewohnten Umgebung herauszuholen und spielerisch zu verarbeiten. Dabei kann das vorgefundene Material ausschließlich oder auch in einer Mischung mit eigenen Textteilen montiert werden. Durch den sogenannten „Verfremdungseffekt" können komische oder kritische Wirkungen erreicht werden.

Bei allen Montagen dürfen die Zeilen nicht lang sein (s. „Zeilenkompositionen", S. 60).

1. (ab Jg. 6, E.) Sammle verschiedene Werbesprüche und montiere sie – oder nur Teile davon – zu einem komischen Werbetext.

2. (ab Jg. 7, E.) Montiere Schlagzeilen – oder Teile davon – aus „Bild" oder anderen Boulevard-Zeitungen. Mögliches Ziel: Komische Schauer (Kontraste!).

3. (ab Jg. 9, E.) Mische Teile von Stellenangeboten und eigene Kurzkommentare. Mögliches Ziel: Kontrast, schönklingendes Angebot – eigene Erwartungen.

4. Für Fortgeschrittene: (ab Jg. 10, E.) Entlarve durch deine Montage Versprechungen, Verharmlosungen und ideologische Aussagen.

Mögliches Material: Reiseprospekte, Prospekte von Versicherungen und/oder Banken, Kommentare in Zeitschriften, Politikeraussagen.

Klang und Rhythmus

oder: Nachschlag für Fortgeschrittene

In vielen Wörtern unserer Sprache unterstützen die **Laute** den Sinn „lautmalend".

Beispiele: knistern, flüstern, hauchen, schwingen, summen, brummen, dröhnen, knattern, Knall.

Oft entsteht diese Lautunterstützung erst durch eine Häufung von Lauten im Zusammenhang mit passenden Wörtern. Beim eigenen Schreiben danach zu suchen kann sehr reizvoll sein. Zur Veranschaulichung vier Zeilen aus Goethes „Hochzeitslied" (1802):

„Da pfeift es und geigt es und klinget und klirrt,

Da ringelt's und schleift es und rauschet und wirrt,

Da pispert's und flüstert's und schwirrt,

(…) Nun doppelt's und rappelt's und klappert's im Saal."

Anleitung Übungsvorschlag ab Jg. 10, E.

1. Suche dir ein Thema, das sich bei dir mit Sinneseindrücken verbindet. Beispiele: „Wochenmarkt", „Gehetzte Leute", „Bewegtes Wasser", „Angenehme Wärme".

2. Sammle dazu möglichst viele Wörter, die diese Eindrücke klanglich unterstützen, und erfinde dazu ähnliche. Beispiel: „Gehetzte Leute": fetzen, flitzen, stressen, pressen, stoßen, drängen, zwängen, …

3. Verwende möglichst viele dieser Wörter – auch wiederholt – in einem Stimmungsgedicht.

Die Bedeutung des Inhalts kann auch durch **Reime** unterstützt werden. In dem Beispiel von Goethe wird besonders deutlich, wie der Gleichklang der Wörter am Schluß ein einheitliches Stimmungsbild schafft. Diese harmonisierende Wirkung erklärt auch, warum der Reim in der modernen Lyrik seltener eingesetzt wird als früher. Wer in unserer Welt Widersprüche, Kämpfe, Unsicherheiten und Kritikbedürftiges sieht, kann nicht durch harmonisierende Stilmittel das Dargestellte wieder aufheben. Es sei denn, er setzt den Reim ironisierend ein.

So wie es Heinrich Heine schon vor über 150 Jahren getan hat:

„Das Fräulein stand am Meere / und seufzte lang und bang, / Es rührte sie so **sehre** / Der Sonnenuntergang."

Was folgt daraus für deine Schreibpraxis? Überlege, ob der Reim unterstützt oder im Widerspruch steht zu dem, was du sagen willst. Du solltest auch darauf achten, daß dich ein Reimzwang nicht davon abhält, treffendere Wörter zu wählen.

Unberührt davon bleibt die Erfahrung, daß für Jubiläen und Feste aller Art gereimte Gedichte nach wie vor gut ankommen und daß Reimspiele auch einfach nur Spaß machen können (s. dazu „Spiel mit Sprache", S. 22 f.).

Übungs-
vorschläge

1. Versuche, die harmonisierende Wirkung des Reims für entsprechende Themen einzusetzen. Erprobe dabei die bekanntesten Reimformen.
Reimpaare: aabb, Kreuzreime: abab, umarmende Reime: abba.
Themenvorschläge: „Liebeserklärung", „Loblied zu einem Geburtstag", „Schöne Stimmung am Abend", „Ferien".
2. Versuche, Reime ironisierend einzusetzen. Laß sie also zusammenbringen, was nicht zusammenpaßt, was die Stimmung stört.
Suche vier Alltagswörter – z.B. aus Schlagzeilen der Tagespresse –, und setze Reime dagegen. Schreibe mit diesen Bausteinen zwei Vierzeiler.
Themenvorschläge: „Schöne neue Welt", „Seid nett zueinander!".

Wenn du das Wort **Rhythmus** liest, wirst du sicher zunächst an Jazz- und Rockmusik denken und nicht an Lyrik. Und doch ist auch hier der Rhythmus immer beteiligt.
Dort wie hier gibt es ein meß- und zählbares Fundament für den Rhythmus: Dem gleichmäßig durchgehaltenen Schlagen mit festen Akzenten (z.B. auf 2 und 4 beim two-beat) entspricht in der Lyrik ein metrisches Schema, das von einem regelmäßigen Wechsel von betonten und unbetonten Silben (Hebungen und Senkungen) bestimmt wird. Der musikalischen Einheit „Takt" könnten die sogenannten „Versfüße" gegenübergestellt werden, die die Folge von Hebungen und Senkungen regeln.
Hier die wichtigsten:
Jambus: xx́ (z.B. bei dem Wort Signal), Trochäus: x́x (z.B. Farbe),
Daktylus: x́xx (z.B. wunderbar), Anapäst: xxx́ (z.B. ich geh' weg).
Der Rhythmus aber ist mehr als das unterlegte Schema. Er entsteht in der Musik wie in der Lyrik durch das lebendige Zusammenspiel aller beteiligten Elemente: Instrumente, Melodieführung bzw. Wörter, Satzbau, Zeilenkomposition.
Bei *gereimten Gedichten* liegt allen Versen ein festes metrisches Schema zugrunde (z.B. vierzeiliger Jambus). Dadurch entsteht eine gleichmäßige, gegliederte Bewegung, die du zum Beispiel durch leierndes Aufsagen erkennen kannst. Wichtiger ist aber – zumindest bei guten Gedichten – der „innere Rhythmus", der den Inhalt unterstützt und zum Beispiel als fallende, steigende, verzögernde oder gar galoppierende Bewegung nachempfunden werden kann. Zur Veranschaulichung noch ein Beispiel vom Altmeister Goethe (Erlkönig, 1782):
„Wer réitet so spát   durch Nácht und Wínd?
Es íst der Váter mit séinem Kínd".
Bei *reimloser Lyrik* gibt es in der Regel kein festes metrisches Schema. Der Wechsel zwischen Hebungen und Senkungen ist vielfältiger, aber nicht willkürlich wie in der Prosa. Es entstehen so freie, unregelmäßige – oder wie Bertolt Brecht es formuliert – „gestische Rhythmen", die den Inhalt flexibler unterstützen können. So kann innerhalb eines Gedichtes ein Rhythmuswechsel wie eine Geste (Gebärde) auf einen besonderen Aspekt aufmerksam machen.
Was folgt daraus für dein Schreiben? Du kannst versuchen, den Rhythmus so einzubeziehen, daß er – wie die vielen anderen formalen Elemente – aussageunterstützend wirkt.
Tips: ● Lies dir beim Schreiben deinen Text immer wieder laut vor und prüfe, ob der Rhythmus deine Aussageabsicht unterstützt, zumindest aber nicht stört.
● Verändere die Stellung der Wörter im Satz durch eine Verschiebeprobe, bis das Gemeinte richtig betont wird und damit die Bedeutung unterstützt.

III. Von „Machern" lernen

Hier werden Erfahrungen vorgestellt, die sich im sogenannten „harten Alltagsgeschäft" bewährt haben.

Tricks aus der Rhetorik (Redekunst), der Werbung und der Sachtextherstellung sind auch für das Kreative Schreiben zu brauchen. Vor allem dann, wenn Leser/innen direkt oder indirekt beeinflußt werden sollen.

AIDA

Erfolgreiche Werbung ist häufig nach der AIDA-Formel aufgebaut. Die vier Buchstaben bedeuten:

A: attention   (Aufmerksamkeit erregen!)
I: interest   (Interesse wecken!)
D: desire   (persönliche Wünsche anregen!)
A: action   (zur Handlung auffordern!)

Einsatz-möglichkeiten

• Im öffentlichen Sprachgebrauch, wenn eine Botschaft – z.B. Aufforderung zu einem bestimmten Verhalten – auch bei oberflächlich Lesenden ankommen soll (z.B. Flugblatt oder Wandzeitung in der Aula, Mitteilungen am Schwarzen Brett),
• bei engagierten Texten (z.B. Leserbrief).

Anwendungs-beispiele

ab Jg. 8, 4er–6er Gr.

Entwerft in einer Gruppe ein Flugblatt zum Thema „Umweltschutz in der Schule". Zielgruppe: die eigene Schulgemeinschaft.

Hilfen zu

A: Wie stoppe ich die eiligen Passanten? Mit einem ungewöhnlichen Bild als „eye catcher", einem gängigen, aber hier nicht erwarteten Spruch oder einer irritierenden Überschrift (z.B. „Lehrer zerhackt Auto") oder vielleicht mit einem kleinen Geschenk?

I: Wie wecke ich Interesse an der Botschaft? Z.B. durch eine provozierende Forderung oder eine neugierig machende Frage? (z.B. „Du bist auch allergisch?")

D: Gelingt es, spezielle Wünsche der Zielgruppe anzusprechen? Wie wär's mit der Ankündigung, daß in Zukunft an eurer Schule umweltbewußtes Verhalten finanziell belohnt und umweltschädigendes entsprechend bestraft wird? (In einer Schulkantine wurden z.B. nach einer entsprechenden Initiative Getränke, die im eigenen Becher abgeholt wurden, billiger und die in Wegwerfgefäßen teurer verkauft als vorher.)

A: Überlegt eine konkrete Aktion mit einem erreichbaren Ziel. Verboten sind abgedroschene allgemeine Appelle.

Tip zum Vorgehen: In allen vier Teilen werden zunächst mit Hilfe der Methoden „Brainstorming" (s. S. 38) oder „635" (s. S. 39) möglichst viele Ideen gesammelt.

EGKS

oder: Die vier Verständlichmacher

Anregung: Friedemann Schulz von Thun

In einem psychologischen Forschungsprojekt haben Wissenschaftler Bedingungen für verständliches Informieren herausgearbeitet. Unsere Überschrift soll als Merkhilfe das Wichtigste zusammenfassen.

E: Einfachheit (z.B. bekannte Wörter, einfacher Satzbau)

G: Gliederung/Übersicht (verständliche Reihenfolge, Absätze, Überschriften, Wichtiges hervorheben)

K: Kürze/Prägnanz (das Wesentliche kurz und bündig, nicht weitschweifend ausführen)

S: Stimulanz/Anregung (z.B. persönliche Anrede, Frage- und Ausrufesätze, wörtliche Rede, anschauliche Beispiele, witzige Formulierungen; s.a. „Rhetorische Mittel", S. 67)

Einsatz-möglichkeit
- V.a. für Sachtexte, in denen es um eindeutige verständliche Informationen geht (brauchbar also auch für Klassenarbeiten).

ab Jg. 8, E.

Übungs-Vorschläge
1. Wähle einen Sachtext, dessen Thema dich interessiert, der aber schwer verständlich geschrieben ist. Versuche, ihn umzugestalten.
2. Schreibe selbst einen kleinen Text für die Schülerzeitung. (Etwas aus dem Schulleben loben, etwas kritisieren, einen Vorschlag machen.)

Rhetorischer Fünfsatz

Anregung: Hellmut Geißner

Bei erfolgreichen Reden – von der Antike bis zur Gegenwart – ist immer wieder eine Fünfgliederigkeit festgestellt worden. Möglicherweise erklärt die bekannte Fünf-Finger-Abzählmethode diesen wirksamen Aufbau. Dabei ist das Denkgerüst folgendermaßen aufgebaut:

Die wichtigste Aussage steht im *Zielsatz* am Schluß. Hier wird der Zweck der Rede zusammengefaßt, z.B. in einem Appell, einem Merksatz oder einer wichtigen Frage. Er wird zuerst geplant. Er muß einen einprägsamen Schluß darstellen, darf also nicht noch einmal auseinanderfasern.

Im *Einleitungssatz* werden die konkrete Sprechsituation und/oder die Hörer/innen einbezogen. Du kannst beispielsweise deine eigenen Gefühle oder die persönlichen Gründe für deinen Redebeitrag beschreiben oder die Angesprochenen durch eine Frage betroffen machen („Habt ihr gestern auch in der Tagesschau den Bericht über ... gesehen?").

Im dreifach gegliederten *Mittelteil* wird auf den Zielsatz hingearbeitet. Du kannst Fakten nennen, veranschaulichende Beispiele zeigen oder im Pro-und-Contra-Stil Argumente anführen.

Dieses Denkgerüst läßt sich auch für längere Texte verwenden. Dann steht für jeden Satz jeweils ein Absatz.

Einsatz-möglichkeiten
- Für Sprech- und Schreibsituationen, in denen Konzentration auf Wesentliches und klar durchschaubarer Gedankenaufbau nützlich sind.

Beispiele: Redebeitrag in öffentlichen Versammlungen oder bei Feiern, engagierte Kurztexte für Zeitungen, schriftliche Erörterungen im Deutschunterricht.

(Vorweg eine Empfehlung für Lehrende: Im Rahmen einer Unterrichtseinheit zum Thema Kommunikation bereiten alle Kurzreden (2–4 Min.) zu einem selbstgewählten Thema vor und halten sie dann in einem Hörsaal oder in der Aula).
Entwirf nach dem Fünfsatz-Muster schriftlich eine Kurzrede (2–4 Min.).
Vorschläge: 1. Werbung für eine utopische Idee oder einen Phantasiegegenstand, 2. Engagement für ein bestimmtes Verhalten (z. B. Umweltschutz), 3. Pro- und Contra-Themen (z. B. Abschaffung der Zensuren? Ist Kinderkriegen heute noch zu verantworten? Frauen in die Bundeswehr? Tempolimit?).

Rhetorische Mittel

ab Jg. 10

Rhetorik wurde schon vor ungefähr 2.400 Jahren in Griechenland systematisch gelehrt. Wer z. B. im öffentlichen Leben Einfluß und Macht anstrebte, mußte hörerwirksame Reden halten können. Rhetorische Stilmittel zu beherrschen gehörte zum unverzichtbaren Handwerkszeug, etwa so wie in deinem Englischunterricht die Kenntnis von Vokabeln und Redewendungen. Vieles davon hat sich bis heute bewährt und wird wieder in teuer bezahlten Rhetorik-Kursen vermittelt. Du kannst hier – wenn du willst – umsonst alte und neue Tricks kennenlernen, mit denen die Aufmerksamkeit geweckt wird.

Einsatz-
möglichkeiten

- In Reden und Gebrauchstexten (z. B. für S.V.-Belange) gegen gelangweiltes Zuhören und oberflächliches Überfliegen,
- in erzählenden und v. a. in lyrischen Texten.

Hier eine kleine Auswahl rhetorischer Mittel:

Name:	Erklärungen:	Beispiele:
Alliteration	Gleicher Laut am Anfang mehrerer Wörter	„Wer rastet, der rostet", „verraten und verkauft".
Anapher	Wiederkehr wichtiger Wörter am Anfang von Sätzen oder Zeilen in der Lyrik	„Du hast nicht aufgeräumt, Du hast nicht abgewaschen, Du hast nicht …".
Epipher	Gegensatz zu Anapher: Wiederkehr am Schluß	„Er liebt Randi, sie liebt Randi, alle lieben Randi."
Euphemismus	Beschönigende Formulierung einer unangenehmen Sache	„Ins Gras beißen", „Goldener Schuß", „Warteschleife", „Abwicklung", „Entsorgung".
Hyperbel	Übertreibung (komisch, ironisch oder ernstgemeint)	„Mega out", „Der Balken im Auge", „tausendmal".
Inversion	Umkehrung der im Satz sonst üblichen Wortfolge	„Rausgehalten haben sie sich.", „Umgefallen ist sie".
Ironie	Formulierungen, die durch Unter- oder Übertreibungen oder Umkehrung des Gemeinten in sein Gegenteil Spott oder Kritik hervorrufen	„Ihr habt ja wunderbar gearbeitet. Sauber!".
Metapher	Bildlicher Ausdruck, entstanden aus einem verkürzten Vergleich (s. S. 17 u. 61)	„Er ist ein Fuchs."

Name:	Erklärungen:	Beispiele:
Oxymoron	Gewollte Verbindung zweier üblicherweise nicht zusammenpassender Begriffe	„Beredtes Schweigen", „Flacher Tiefsinn", „Purpurschwärze", „erstickende Liebe", „Kriegfrieden".
Parallelismus	Wiederholung gleicher Satzbaumuster	„Sieh dich nicht um/Schnür deinen Schuh/Jag die Hunde zurück".
Reim	Gleichklang der Vokale in Endsilben (s. S. 63)	„Nur wer schreibt, der bleibt".
Rhetorische Frage	In Frageform gekleidete direkte Aussage oder Aufforderung (Es wird keine Antwort erwartet)	„Bin ich etwa dein Buttler?", „Haben wir nicht alle schon 'mal Fehler gemacht?".
Symbol	Sinnbild, Wahrzeichen mit eindeutigem Hinweis auf einen höheren, abstrakten Bereich	Fahne, Ringe, Kreuz.
Synästhesie	Verbindung verschiedener Sinneseindrücke	„Knallrot", „stinkendes Auspuffblau", „warme Farben".

Übungs-
vorschläge

ab Jg. 10, E.

1. Erfinde zu den ausgewählten rhetorischen Mitteln eigene Beispiele, und laß deinen Nachbarn raten, wozu sie gehören.

2. Verarbeite spielerisch möglichst viele der gegebenen Beispiele als Bausteine für einen Montage-Text.

C. Was tun mit „fertigen" Texten?

Was für Profis selbstverständlich ist, Texte in mühsamer „Knochenarbeit" immer wieder zu überarbeiten, leuchtet Amateuren häufig nicht ein. Vor allem dann nicht, wenn die Verbesserungsvorschläge von Lehrern kommen.

Und doch gibt es mindestens drei Gründe, das Überarbeiten von Texten zu lernen:

1. Das Thema des Textes ist hoch interessant, und der erste Entwurf ist im Kern so gut, daß es sich lohnt, an ihm zu feilen.

2. Der Text soll veröffentlicht werden, z.B. in einer Schülerzeitung.

3. Der Text soll benotet werden.

Die vorgeschlagenen Formen nutzen den Spaß am geselligen Arbeiten, am Ausprobieren und am „produktiven" Reagieren auf vorliegende Texte. Wer erfahren hat, daß Schreiben Spaß macht, sollte das anderen mitteilen. Dabei können Veröffentlichungen eigener Texte helfen. Sie bringen auch den verdienten Beifall.

Verbesserungszirkel

ab Jg. 5, 2er–6er Gr.

Die hier vorgeschlagene Form ist aus der Erfahrung entstanden, daß der Lernprozeß lebendiger und damit effektiver abläuft, wenn – im Gegensatz zur üblichen Korrektur – Mitschreibende kommentieren und Verbesserungsmöglichkeiten vorschlagen

Anleitung

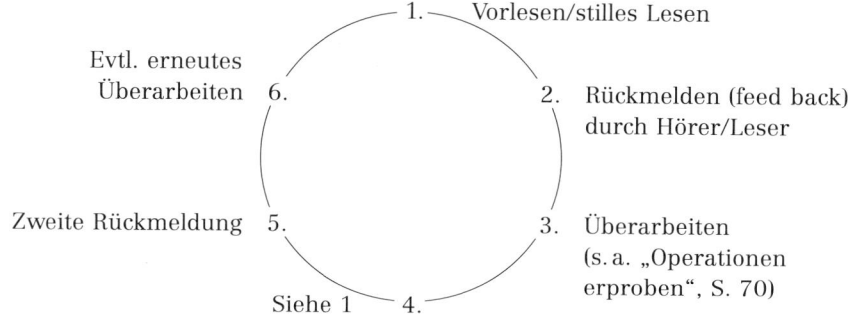

1. Vorlesen/stilles Lesen
2. Rückmelden (feed back) durch Hörer/Leser
3. Überarbeiten (s. a. „Operationen erproben", S. 70)
4. Siehe 1
5. Zweite Rückmeldung
6. Evtl. erneutes Überarbeiten

Für die Station 2 haben sich folgende Fragen bzw. Aufgaben bewährt:
- Mündlich (spontaner, einfacher, darum immer möglich):
„Welche Stelle ist dir besonders in Erinnerung geblieben?"
Sinn: Hervorheben von gelungenen Stellen oder, wenn eine mißlungene Stelle genannt wurde, Anstoß zum Nachdenken über Änderungen.
- Schriftlich (gründlicher, zeitaufwendiger, auch als Hausaufgabe möglich):
„Schreibe auf, was dir gefallen hat und was du weniger gut gefunden hast. Mache Verbesserungsvorschläge."
- Du hast vor dem Vorlesen selbst die Initiative ergriffen und deine Leser/innen nach bestimmten Aspekten gefragt, z.B.: „Ist das, worum es mir inhaltlich ging, nämlich die Unsicherheit des Stefans zu zeigen, deutlich geworden?" Oder: „Ist die Form als ironisch gemeint erkannt worden?"
Oder: „Paßt der Schluß?" Bei dieser Frage könnte vor dem Vorlesen eine Pause gemacht werden und nach den Erwartungen gefragt werden, dann wird deinem Schluß noch aufmerksamer zugehört.
- Sind die Aspekte der Aufgabenstellung berücksichtigt (v. a. dann wichtig, wenn benotet werden soll)?

Bei Station 5 muß auf die Ergebnisse von 3 reagiert werden.
Für die Stationen 3 und 6 empfiehlt es sich, von den Vorschlägen der Leser/innen auszugehen. Du entscheidest aber selbst, welche du für die Verbesserung deines Textes übernehmen willst.

Überarbeitet wird am besten mit zeitlichem Abstand zum ersten Entwurf; es fällt dann leichter, sich von „geliebten" Teilen zu trennen.

Operationen erproben

Mit Hilfe der vorgeschlagenen „linguistischen Operationen" kannst du allein oder in einer 2er oder 3er Gruppe Texte überarbeiten.

Vorschläge

1. Ersatzprobe
Hier geht es vor allem darum, ungenaue oder unpassende Wörter/Wendungen/Sätze durch treffendere zu ersetzen.
Beispiele: machen, tun, gehen, sagen, gut, schlecht, viele, Menschen, Dinge, ...
Du kennst dies ja sicher aus dem Grammatikunterricht.
Ersetzt werden können auch das gewählte Tempus (z. B. statt des Präteritums: Präsens) oder die Erzählhaltung (z. B. statt der Ich-Form: Er- oder Sie-Form).

2. Kürzen (durch Wegstreichen oder auch Umformen)
Vielen Texten – übrigens nicht nur denen von Schülern – tut es gut, wenn sie rigoros auf die Hälfte der Wortmenge gekürzt werden. Manchmal kann es sogar sinnvoll sein, ganze Absätze zu streichen, wenn sie stören oder ablenken.
(Stelle dir vor, du müßtest jedes überflüssige Wort mit 5 Pfennigen bezahlen!)
Ziel: Konzentration auf Wesentliches, Wegfallen von nichtssagenden Teilen.

3. Umstellprobe
Sie betrifft den Satzbau und die Reihenfolge der Absätze.
Ziel: Es soll herausgefunden werden, welche Reihenfolge am besten dem entspricht, was du sagen willst.
Tip: Achte dabei darauf, daß Anfang und Schluß betonter wirken als Mittelteile.
Beispiel: „Von alledem ist nichts wahr." Ausdrucksstärker: „Nichts von alledem ist wahr."

4. Konzentrieren
Unterstreiche „Kerne" des Textes – wichtige Wörter oder auch Wortgruppen –, und schreibe sie in durchdachter Reihenfolge mit großen Abständen auf ein neues Blatt. Ergänze dieses Gerüst, wo es nötig ist.

5. Erweitern
Ziel: Das, worum es geht, soll deutlicher herauskommen.
Mittel: Einzelne Stellen ausbauen (z. B. Darstellen der Gefühle), Teile ergänzen (Beispiele, Auswirkungen, ...).

6. Klang- und Rhythmusprobe
Hier hilft lautes Lesen, um besser herauszufinden, ob das, was du geschrieben hast, so zum Ausdruck kommt, wie du es wolltest. Dies ist wichtig vor allem bei Gedichten und sehr kurzen Prosaformen.
Tip: Sinnvolle Wiederholungen von Lauten, Wörtern und Sätzen können den Lesefluß klanglich und rhythmisch gestalten.

7. Textsortenprobe
Paßt die gewählte Form, oder bringen andere Möglichkeiten die Aussageabsicht besser heraus? Beispiele: ● Eine Geschichte wird zu einem Rollentext umgeformt. ● Ein erzählender Text wird zu einem Gedicht „verdichtet". ● Ein Gedicht wird zu einem Gefühle schildernden Stimmungsbild ausgeweitet. ● Ein engagierter direkt appellierender Text wird zu einer bissigen Satire.

Übungs-
vorschläge

1. (2er Gr.) Jeder sucht für jede Operation aus eigenen Texten eine geeignete Stelle aus und läßt diese von jemand anderem überarbeiten.
2. (Klasse) Für einige ausgewählte Operationen werden Fehlerbeispiele zusammengestellt und für einen Lernkontroll-Test vervielfältigt. Bei der Korrektur sollten Schüler/innen mitwirken.

„Echo-Texte" schreiben

Schreib-
vorschläge

Zu fertigen Texten schreibst du z.B.:

- eine überarbeitete neue Fassung (z.B. in einem anderen Stil),
- eine Erweiterung (z.B. eine Vorgeschichte, den Ausbau einer wichtigen Stelle, eine Fortsetzung),
- eine Veränderung (z.B. durch die Darstellung des Beschriebenen aus der Gegenspieler-Perspektive),
- einen „Einmisch-Text", indem du an einer geeigneten Stelle einsteigst und Partei ergreifst, zu schlichten versuchst oder die Handlung oder Gedankenführung in eine andere Richtung vorantreibst,
- einen Werbetext, der auf das Original aufmerksam machen soll,
- einen kritischen „Verriß" (z.B. über die Form, den Inhalt, den geistigen bzw. ungeistigen Hintergrund),
- einen Brief an den/die Autor/in mit eigener Stellungnahme, Verbesserungsvorschlägen und Wünschen für neue Texte,
- einen ganz neuen, eigenen Text, der durch den Ursprungstext ausgelöst wurde (z.B. in einer anderen Situation, mit persönlichen Bezügen, verfremdet).

Texte ergänzen

ab Jg. 5, E. oder Gr.

Sehr reizvoll kann es sein, geschriebene Texte mit Hilfe anderer Medien zu ergänzen. Dadurch werden noch mehr Sinne angesprochen, und es entstehen vielleicht kleine „Gesamtkunstwerke".

Bei öffentlichen Darbietungen könnten die Produktionen zur Einstimmung vor der Textlesung gezeigt werden oder parallel dazu als Untermalung oder als bewußter Kontrast.

Beispiele • Ein gemaltes oder gezeichnetes Bild, • eine Bilderserie, • eine Collage (für ein größeres Publikum könnten diese Beiträge mit Hilfe von Dias vermittelt werden), • ein durch mehrere Schüler/innen gestelltes „Standbild", • eine „Pantomime", bei der Mimik, Gestik und Bewegungen im Raum den Text veranschaulichen, • eine Tanzszene, in der mehrere z. B. die Spannung oder Stimmung eines Textes gestalten, • ein Schattenspiel mit oder ohne Text, • ein Rollenspiel aus dem Stegreif (nach der Textlesung), • eine Videoproduktion, • eine Geräusch- und/oder Musik-Collage, ...

(Die vorgeschlagenen Möglichkeiten können besonders gut dort umgesetzt werden, wo ein fertiges Produkt als Krönung der Arbeit erwartet wird, z. B. bei Projektwochen oder bei selbständiger Einzel- oder Gruppenarbeit – als sogenannte „Semesterarbeit".)

Veröffentlichen

ab Jg. 5, E. oder Gr.

1. <u>Mündlich</u>
• Zunächst nur in kleiner vertrauter Runde vorlesen
(Beifall-Klopfen oder -Klatschen kann anfangs als Ritual empfohlen werden, ergibt sich dann im Laufe der Übung als ganz normal),
• dann im kleinen, aber etwas weniger vertrauten Kreis vortragen (z. B. vor einer Parallelklasse oder Eltern),
• schließlich in größeren Gruppen (z. B. in mehreren Klassen aus einem Jahrgang) in einem unbekannten Raum (z. B. Hörsaal mit Vorlesepult, auf dem ein Blumenstrauß die besondere Situation hervorhebt),
• und als Krönung: eine öffentliche Lesung in Zusammenarbeit mit einer Musikgruppe.

2. <u>Schriftlich</u>
• Gedruckte Texte sollten auch veröffentlicht werden: z. B. in der Klasse, in Fluren, in der Pausenhalle (sicherheitshalber Originale vorher kopieren!) als Wandtexte oder mit Klammern an einer Leine aufgehängt.
• Stolz könnt ihr auch auf Veröffentlichungen in selbst zusammengestellten Heften sein. Illustrationen nicht vergessen!
• Einen größeren Leser-Kreis bieten Schüler- oder Schulzeitungen.
• Aktuelle oder/und engagierte Texte können auch als Flugblatt verteilt werden.
• Dankbare Abnehmer sind manchmal auch stadtteilbezogene Werbezeitungen.
Bei allen Veröffentlichungen sollten die Texte schön gestaltet sein (z. B. mit passendem Schriftsatz und Überschriften durch Computer-Hilfe) und keine Rechtschreibfehler enthalten (notfalls helfen lassen).

... Innenwelten

Die Titel der drei folgenden Kapitel „INNENWELTEN", „AUSSENWELTEN" und „TRAUMWELTEN" sollen nicht den Eindruck erwecken, als gäbe es drei getrennte Welten. Sie sollen lediglich Schwerpunkte hervorheben.

Mit den Schreibvorschlägen in diesem ersten Kapitel wird das ICH mit seinen Innenwelten in den Mittelpunkt gestellt: mit seinen persönlichen Erinnerungen, Erfahrungen, Assoziationen, Gedanken und Gefühlen, Vorlieben, aber auch Verletzungen, Plänen und Phantasien – und mit seinen Wünschen, mehr über sich selbst zu erfahren und mit Texten ein persönliches Zeichen zu setzen, das stolz macht und befreiend wirken kann.

Die meisten Aufgaben sind zwar autobiographisch angelegt, man kann aber auch von einer erfundenen Figur ausgehen oder persönliche Aussagen bildlich einkleiden, auch witzig oder ironisch übertreiben und damit verfremden.

Grundsätzlich gilt, daß sehr persönliche Texte nur veröffentlicht werden dürfen, wenn die Autor/innen sie freigeben.

Im ersten Teil des Kapitels finden sich Schreibvorschläge, die sich vor allem auf die Vergangenheit beziehen, dann stehen Erfahrungen und „Bestandsaufnahmen" aus der Gegenwart und schließlich Vorausblicke, Pläne und Phantasien im Mittelpunkt.

Wie bei den „Welten" (s. o.) lassen sich Zeiten eigentlich nicht isoliert sehen; denn immer gibt es wechselseitige Einflüsse. So müßten wir umfassender von der „Vergegenkunft" und der „Innenwelt der Außenwelt der Innenwelt" sprechen, so, wie es die Schriftsteller Günter Grass und Peter Handke tun. Die künstliche Trennung kann aber helfen, den Blick auf besondere Akzente zu konzentrieren.

Annäherung

ab Jg. 7. E.

Du bist einmalig und weißt, wer du bist. Das ist unbestritten. Aber wer und was dich beeinflußt und geprägt hat, ist so vielfältig, daß es dir vielleicht selbst nicht bewußt ist. Mit Hilfe der Methoden „Cluster" und „Mind Mapping" (s. S. 35 ff.) kannst du eine erste Klärung versuchen.

Anleitung	Schreibe in die Mitte eines leeren DIN A3-Blattes das Wort ICH, kreise es ein, und halte all das fest, was dich positiv oder auch negativ beeinflußt hat.

Anleitung Schreibe in die Mitte eines leeren DIN A3-Blattes das Wort ICH, kreise es ein, und halte all das fest, was dich positiv oder auch negativ beeinflußt hat.

Dabei kannst du ganz offen vorgehen und nach der Methode „Cluster" rund um das ICH herum in Stichworten alles aufschreiben, was dir einfällt. Halte auch solche Einfälle und Bilder fest, deren Bedeutung für deine Entwicklung dir nicht gleich klar ist. Wie ein Schlüssel eine Tür öffnet, kann dir ein spontan hingeschriebenes Wort – z.B. „Wasser" – später den Zugang zu wichtigen Erinnerungen erschließen.

Du kannst die Annäherung an dein ICH aber auch systematischer vornehmen und ein „Mind Map" anlegen. Als Oberpunkte (Hauptstraßen), zu denen du für dich bedeutende Einzelheiten sammelst, könntest du z.B. folgende wählen: Familie, Gleichaltrige, Erwachsene, Schule, Tiere, Hobby, Ereignisse, Glaube, Politik, Umwelt.

Nach dieser ersten Bestandsaufnahme kannst du einzelne Stellen durch kleine Zeichnungen veranschaulichen oder/und dazuschreiben, warum du einzelne Stichwörter notiert hast.

Schreibvorschläge
1. Schreibe zu einem wichtigen Ereignis eine Erlebniserzählung.
2. Schreibe ein reimloses Gedicht mit dem Titel „Ich". Dafür kannst du z.B. mehrere Punkte aus deiner Sammlung in je einer Zeile darstellen und in einer „Zeilenkomposition" aufreihen (s. S. 60).

Gegenstände beleben

Welche Gegenstände haben in deinem Leben eine besondere Rolle gespielt oder sind auch heute noch wichtig?

Durchstöbere Keller, Boden, Regale, … z.B. nach altem Spielzeug oder nach „Klamotten". Du kannst auch von einem Gegenstand ausgehen, der dir im Moment greifbar ist (z.B. Füller, Schlüsselbund, Schultisch).

Schreibvorschläge
1. Laß diesen Gegenstand lebendig werden, und bitte ihn zu erzählen, wie es ihm damals ging oder jetzt geht.
2. Führe mit diesem Gegenstand ein Gespräch, in dem ihr z.B. in alten Erinnerungen schwelgt oder euch auch streitet.
3. Schreibe eine Liebeserklärung an ihn oder/und einen Brief in der Art einer Abrechnung nach dem Ende der Liebe.
4. Schreibe in 5–7 Zeilen eine Todesanzeige in Gedichtform, und gestalte sie dem Anlaß entsprechend.
Ein Beispiel: „Oh, Du, / mein Fußball! / Ich habe Dich immer / getreten / und doch / geliebt."

Wichtige Orte

Anleitung
1. Stelle zunächst eine Liste von Orten zusammen, die für dich bedeutungsvoll waren oder sind (z.B. Lieblingsorte, Verstecke, unangenehme oder gefürchtete Orte, Kinderzimmer, Bäcker, Disco, Zimmer des Freundes/der Freundin, Dachboden, Keller, Pausenhalle, Straßenkreuzung, West-Kurve, …).
2. Beschreibe eine für diesen Ort typische Begebenheit. Beziehe dabei mit ein, was deine 5 SINNE dort wahrnehmen konnten und welche GEFÜHLE dieser Ort bei dir auslöst. Du kannst bei der Beschreibung auch übertreiben (z.B. durch ungewöhnliche Vergleiche), um das Besondere des Ortes richtig plastisch herauszustellen.

Beeindruckende Personen

ab Jg. 7, E.

Anleitung 1. Stelle zunächst in einer Liste möglichst viele Personen zusammen, die in deinem Leben eine Rolle gespielt haben. Suche dir dann eine heraus, die besonders wichtig war, z. B. eine besonders verständnisvolle oder „fiese".
2., 3., 4.: Schreibe ein Gespräch, eine Liebeserklärung, eine Abrechnung, einen Nachruf („Gegenstände beleben", s. S. 74).

Medienhelden

ab Jg. 7, E.

Stelle dir vor, du begegnest einer für dich früher (oder auch noch heute) wichtigen Person aus Kinderbüchern, Comics, Cassetten, TV-Sendungen, … Was würdest du ihr heute sagen?
(„Gegenstände beleben": Vorschlag 2. und 3., s. S. 74)

Zum ersten Mal …

ab Jg. 7, E.

Anregung: Peter Handke

Anleitung 1. Notiere zunächst stichwortartig möglichst viele „erste Erfahrungen".
Wann hast du z. B. zum ersten Mal • radgefahren, • geliebt, • bewußt gelogen, • einen bedeutsamen Fehler gemacht, • etwas Wichtiges fürs Leben gelernt, • ein Erwachsenen-Geheimnis durchschaut …??
Wann bist du zum ersten Mal • ausgelacht, • enttäuscht, • bewundert, … worden??
2. Schildere möglichst genau Ort, Zeit, Umstände, Ablauf, Sinneseindrücke, Auswirkungen, …
3. Denkbar ist auch ein reimloses Gedicht mit unterschiedlich langen Zeilen, in dem mehrere erste Erfahrungen untereinander aufgereiht werden.

Mutproben

ab Jg. 5, E.

„Du traust dich nicht ...". So oder ähnlich beginnen Aufforderungen, den Mut zu beweisen. Dabei sind Mutproben – wie du weißt – nicht immer vernünftig, besonders dann nicht, wenn dabei das Leben riskiert wird oder wenn sie auf Kosten Schwächerer durchgeführt werden. Dennoch aber scheinen sie wichtig zu sein, denn es geht meistens um das Ansehen in der Gruppe oder die eigene Wertschätzung. Und oft gibt es ein Hin und Her der Gedanken und Gefühle, über das es sich lohnt zu schreiben.

Wie du deine Texte gestaltest, hängt von den Inhalten ab und von dem, was du damit erreichen willst.

Textvorschläge
1. Spannende Erzählung mit einer genauen Beschreibung der äußeren und inneren Vorgänge (Spannung erreichst du z.B. durch Vorausdeutungen, Fragen, Auslassungen, Wiederholung von Andeutungen).
2. (ab Jg. 8) Innerer Monolog (z.B. „Soll ich nun ... Vielleicht ... aber was, wenn ...").
3. (ab Jg. 8) Beurteilung der damaligen Mutprobe aus heutiger Sicht.

Kinderfotos

z.T. ab Jg. 5, E.

Anleitung
1. Suche dir aus eurer Fotosammlung ein Kinderfoto aus, das dir wichtig ist. Klebe das Foto auf ein DIN A4-großes Blatt, und zeichne zur Einstimmung um das Foto herum all das, was damals in der Nähe war.
2. Versetze dich in deine damalige Lebenssituation, und erzähle in der Ich-Form: Wann und wo wurde das Foto aufgenommen? Wer war bei dir? Wie standest du zu ihm/ihr? Was tatet ihr? Worüber unterhieltet ihr euch? Was geschah vorher/nachher? An welche Gerüche oder Geräusche erinnerst du dich? Wie fühltest du dich?
3. (ab Jg. 9) Führe aus deiner heutigen Situation einen Dialog mit dem Kind von damals mit Fragen, Beurteilungen, Ratschlägen, ...
4. Schreibe ein Gedicht (Vorschläge, s. S. 58 ff.).

Narben

ab Jg. 5, E.

Die Geschichte der Narbe an meinem rechten Knie habe ich schon mehrfach erzählt, und jedesmal hatte ich interessierte Zuhörer.
Wovon erzählen deine Narben?

Textvorschläge   Siehe „Mutproben" (1.)
oder eine Lügengeschichte zum Angeben nach dem Muster des Herrn von Münchhausen.

Abstempelungen

ab Jg. 8, E.

„VERSAGER", „TOLPATSCH", „NERVENSÄGE", „DU BIST ZU ... DICK, DÜNN, KLEIN, GROSS", „DU BIST ZU ... LAHM, JÄHZORNIG, UNORDENTLICH, UNSENSIBEL, EMPFINDLICH, ..."
„DAS LERNST DU NIE: VOLLEYBALL, TANZEN, AUTO FAHREN, SINGEN, ..."
oder auch Gutgemeintes: „DAFÜR BIST DU EBEN BEGABT!"
Manchmal wirken solche Abstempelungen ein ganzes Leben nach. Vielleicht blockieren sie dich, ohne daß du den Zusammenhang kennst. Wenn du sie dir bewußt machst und über sie schreibst, kann es dir gelingen, sie „in den Griff" zu bekommen.
Versuche, dich an eine oder mehrere Situationen zu erinnern, in denen jemand zu dir – oder zu anderen Personen – etwas gesagt hat, was dich tief getroffen hat.
In welcher Situation wurde das Wort/der Satz gesagt? Mit welcher Absicht? Wie reagiertest du damals? Wie hat sich das Gesagte ausgewirkt? Kannst du dir heute erklären, warum dich das damals so getroffen hat?

Schreib-   1. Schreibe eine Erzählung mit erfundenen Personen. Darin soll eine Abstempelung
vorschläge   eine wichtige Bedeutung haben.
2. Schreibe einen mutigen Dialog, der damals leider so nicht stattfand, weil du noch nicht selbstbewußt genug warst.
3. Schreibe der entsprechenden Person oder Gruppe einen Brief, der schon lange fällig war. Darin kannst du den Zusammenhang sachlich oder gefühlsbetont darstellen und beurteilen und, wenn du willst, Vorschläge zu einer Versöhnung machen. Du kannst aber auch, wenn nichts mehr zu retten ist, eine Abrechnung schreiben.
4. Gut darstellen lassen sich deine Gedanken und Gefühle auch in einem Gedicht.

Reise nach innen

ab Jg. 9, E.

Stelle dir vor, du kannst als rotes Blutkörperchen an alle Stellen deines Körpers reisen und dort erfahren, was mit dir los ist.
Wo beginnst du? Was siehst, hörst, riechst, fühlst du? Was sagst du deinen knirschenden Zähnen, deinem revoltierenden Magen, deinen Beinen, die meinen, sie seien zu kurz, zu lang, zu dick, zu dünn, ...
Wie sind die Antworten? Wie geht die Reise weiter? Was ärgert dich? Was findest du gut?
Schreibe deine Sinneseindrücke, deine Gefühle und Einstellungen auf.
Konzentriere dich also auf die Darstellung von „Innenwelten"; die an Science-fiction-Filme erinnernde „action" ist nur äußerer Rahmen.

Neues Leben

ab Jg. 9, E.

Anregung: Annamaria Rucktäschel

„Eigentlich verlief mein bisheriges Leben recht durchschnittlich, bis ich eines Tages eine Tür aufmachte …"

Anleitung   Dieser Anfang einer Geschichte ist fortzusetzen. Beschreibe den Wendepunkt im Leben eines erfundenen Ichs.

Folgende Auflagen sollen verarbeitet werden: Hauptthema sind zwischenmenschliche Beziehungen, 5 Personen sollen eine Rolle spielen, mindestens einmal soll unrealistisch erzählt werden, der Schluß soll deutlich zeigen, daß sich das Leben des Ichs verändert hat.

Was ich kann …

ab Jg. 5, E.

Mit den vorherigen Schreibaufgaben wurde versucht, das aufzuspüren, was uns in der Vergangenheit geprägt hat.

Bei den folgenden Schreibvorschlägen konzentrieren wir uns mehr auf die Gegenwart.

Wen die Frage interessiert: „Wer bin ich eigentlich?", der könnte die folgende Bestandsaufnahme versuchen.

Anleitung   1. Nimm 3 leere Blätter, und schreibe auf Blatt A: „Was ich kann …", auf Blatt B: „Was ich nicht kann …" und auf Blatt C: „Was ich können möchte …"

Kreise die Überschriften ein, und lege alle Blätter nebeneinander. Schreibe nun möglichst alles auf, was dir zu den drei Überschriften einfällt. Stichwörter reichen aus.

Sei bei A nicht zu streng mit deinem Maßstab. Schreibe also auch auf, was du „so einigermaßen" kannst (z.B. Gitarre spielen) oder auch das, was als selbstverständlich gilt (z.B. radfahren).

Auf diesen Zettel werden natürlich auch die Fähigkeiten geschrieben, auf die du besonders stolz bist (z.B. mit Tieren gut umgehen können).

Bei B kannst du von dem ausgehen, was Gleichaltrige können, du aber noch nicht oder nicht so gut (z.B. Mathe). Du kannst aber auch das aufgreifen, was die meisten Erwachsenen – oder auch nur einzelne – können.

Bei C könntest du Fähigkeiten aufschreiben, die du gut für die Schule oder im Freizeitbereich brauchen könntest (z.B. ganz leicht Vokabeln behalten, Skateboard fahren). Du kannst aber auch unerreichbare phantastische Fähigkeiten notieren (z.B. sich unsichtbar machen können).

2. Wähle Teile deiner Bestandsaufnahme aus, und verarbeite sie zu Texten, z.B. in
● einen Brief an eine/n Freund/in (möglicher Anfang: „Lieber Johannes, weißt Du schon, was ich in den Ferien gelernt habe? …"), ● eine Erzählung von einem Erlebnis, in der deutlich wird, wie stolz oder enttäuscht du warst, ● ein „Geländer-Gedicht" (s. S. 58) über eine/n erfundene/n Gleichaltrige/n mit drei Strophen (z.B. so: „Er/Sie kann … / Er/Sie kann nicht … / Er/Sie möchte können …"), ● eine Phantasiegeschichte (möglicher Anfang: „Jetzt endlich kann ich, was ich schon immer wollte … Und darum …").

Was ich mag … nicht mag …

Hier machen wir eine Momentaufnahme von unseren gegenwärtigen Einschätzungen. Dafür lassen wir uns von Buchstaben anstoßen und sammeln möglichst viele Punkte.

Anleitung 1. Teile ein leeres DIN A4-Blatt durch einen senkrechten Mittelstrich in zwei Hälften, und schreibe über die linke Hälfte als Überschrift: „Was ich mag", über die rechte: „Was ich nicht mag". In die linke Seite des Blattes werden dann von oben nach unten die Buchstaben des Alphabets geschrieben.
Schreibe nun neben jeden Buchstaben möglichst viele passende Aussagen in beide Spalten (z. B. zu A: Apfelkuchen, Anisbonbons …/… Angeber, Angina).
2. Lest euch in der Gruppe eure Ergebnisse vor: zunächst alle zu A, dann alle zu B. Sprecht darüber, und ergänzt eure Tabelle durch Einfälle der Gruppenmitglieder.
3. Konzentriere dich auf 1–3 Punkte, und schreibe dazu einen freien 20 Min.-Text.
4. Wähle mehrere Punkte aus, und schreibe zwei Gedichte (s. S. 58 ff.) mit den Überschriften „Vergnügungen" und „Ärgernisse". Du kannst dich dabei von dem Anfang des Gedichts „Vergnügungen" von Bertolt Brecht anregen lassen:
„Der erste Blick aus dem Fenster am Morgen
das wiedergefundene Buch
Begeisterte Gesichter
Schnee, der Wechsel der Jahreszeiten (…)"

Lieblingsmusik

Höre dir mehrfach deine Lieblingsmusik an, und erfinde dazu 1–3 Personen in einer passenden Situation.

Anleitung 1. Schreibe einen Text, in dem deutlich wird, was diese Personen tun, denken und fühlen. Wenn die Aufnahme Text enthält, kannst du auch Teile davon einbauen.
2. Schreibe ein Gedicht aus der Ich-Perspektive mit deinen Gefühlen beim Hören.

Weitere Vorlieben

Ähnlich wie in der vorherigen Übung kannst du auch deine LIEBLINGSFARBE zum Ausgang und Mittelpunkt eines Textes machen.
Oder auch dein LIEBLINGSTIER, • -FAHRZEUG, • -MÖBELSTÜCK, • -ESSEN, deine • -PFLANZE, • -LANDSCHAFT, • -BESCHÄFTIGUNG oder • deinen LIEB-LINGSTRAUM oder …

Wappentier

Du hast noch keins? Dann wird es Zeit!

Schreib-vorschläge 1. Beschreibung und Lob des Aussehens, der Eigenschaften und Verhaltensweisen deines Wappentieres. Was mag es? Was kann es? Was wünschst du dir von ihm?
2. Schreibe ein gereimtes oder ungereimtes Loblied.

Gehirn-Kino

ab Jg. 7, E.

Wenn wir ein bestimmtes Wort hören oder lesen, wissen wir normalerweise, was es bezeichnet. (Wenn wir es nicht wissen sollten, könnten wir über seinen begrifflichen Inhalt im Lexikon nachlesen.)
Danach oder zugleich ruft fast jedes Wort bei uns eine Art Film ab, in dem unsere persönlichen Vorstellungen vorbeiflimmern. Dieses Gehirn-Kino bringt die folgende Übung in Gang.

Anleitung
1. Schreibe zu mindestens 10 der folgenden Wörter nach kurzer Konzentration je einen Satz:
ANGST – BROT – COMPUTER – DANKEN – ERSCHÖPFUNG – FRIEDE – GELD – HOOLIGANS – INDIANER – JA-SAGER – KOMPLEX – LIEBE – MODE – NEIN – OKAY – PAUSE – QUENGELN – RUHE – SPIELEN – TIERISCH – UNBERECHEN-BAR – VERRECHNEN – WIDERLICH – X-BEINIG – YOUNG – ZERREISSPROBE.
2. Verarbeite diese Sätze mit kurzen oder längeren Verknüpfungen zu einem Text. Die Reihenfolge kannst du ändern.
3. Denkbar ist auch, daß du dich auf nur einen (oder einige wenige) Punkt(e) konzentrierst und darüber schreibst.

Meditation

ab Jg. 8, E.

Bei einer Meditation (lateinisch: Nachdenken, sinnende Betrachtung, Versenkung) geht es darum, sich zu entspannen und dadurch aufgeschlossen zu werden für neue Erfahrungen. Dabei ist es wichtig, die Welt um sich herum zu vergessen. Um sich besser konzentrieren zu können, werden häufig geheimnisvolle Wörter (Mantras) immer wiederholt (z. B. „OM AH HUM") oder Bilder bzw. Objekte betrachtet.

Anleitung
1. Suche dir eine ruhige Stelle, und betrachte mindestens 5 Min. lang eine Blüte oder ein Blatt, eine Frucht, die Maserung eines Brettes, einen Stein oder auch einen einfachen Gegenstand auf deinem Schreibtisch. Wenn ablenkende Gedanken dazwischenkommen, laß sie vorbeiziehen, und betrachte weiter dein „Konzentrationsobjekt".
2. Schreibe daran anschließend 5 Min. lang nach der Methode „Automatisches Schreiben" (s. S. 34) oder stelle ein „Cluster" (s. S. 35) her.
3. Suche dir einen Schwerpunkt heraus, der dich interessiert, und schreibe darüber.

Familienrituale

ab Jg. 8, E.

Jeder kennt aus seiner Familie Abläufe, die sich immer wiederholen (Fernsehsonnabende, Feiern, Besuche, …). Nicht immer werden sie von dir geliebt. Schreibe eine „Satire", in der durch anschauliche Übertreibungen deutlich wird, wie du sie erlebst und beurteilst. (zu „Satiren", s. S. 57)
Ähnlich ergiebig sind auch Gruppenrituale, z. B. bei Fußballfans.

Symphathisch – unsympathisch

oder: Abwertung und Verteidigung

Anleitung 1. Suche dir aus Zeitungen, Zeitschriften oder Katalogen zwei Personen aus, von denen für dich eine sympathisch, die andere unsympathisch erscheint.

2. Zeige deine Bilder in der Gruppe, und erkläre, warum du diese Person so einschätzt. Vergleicht eure Auf- bzw. Abwertungen. Welche Gesichtspunkte haben dabei eine Rolle gespielt? Was ist objektiv sichtbar? Was ist subjektiv gedeutet? Haben dazu eigene Erfahrungen geführt oder allgemeine Vorurteile?

3. Beschreibe aus der Sicht eines erfundenen „Abwerters" deine dir unsympathisch erscheinende Figur möglichst einseitig. Dazu tragen bei: negative Vermutungen, Unterstellungen, unbegründete Behauptungen, vermutete Hintergründe, Übertreibungen, Verallgemeinerungen, die Beschreibung der Gefühle, die dieses erfundene (fiktive) Ich hat.

4. Die Texte werden in der Gruppe vorgelesen. Danach wählst du dir eine der abgewerteten Figuren und reagierst auf den dazugehörigen Text mit einem Verteidigungstext: a) aus der Sicht der dir sympathischen Figur (auch diesmal darf tendenziös geschrieben werden) oder b) aus deiner eigenen Sicht.

Kunst-Bilder bilden ...

... ganz häufig in uns neue Welten: Innenwelten, Außenwelten, Traumwelten. Besonders geeignet sind Bilder, die nicht nur wie normale Fotos realistisch abbilden, sondern Raum für Phantasien lassen.

Ungeahnte Möglichkeiten bieten Bilder des Niederländers Peter Bruegel mit vielen komischen und makabren Details (z.B. „Die niederländischen Sprichwörter" von 1559) oder fast alle Bilder von Paul Klee, Marc Chagall, Salvador Dali und vor allem die von Friedensreich Hundertwasser.

Wo finden wir sie? Im Kleinformat auf Kunstpostkarten, in Lesebüchern, speziellen Kunstbänden und im Großformat in der Sammlung der Kunsterzieher/innen oder in Kunsthallen, Galerien.

Schreib- Fertige keine Bildbeschreibung an, sondern schreibe dich in das Bild hinein. Mög-
vorschläge lichkeiten:

• Monolog einer sichtbaren oder erfundenen Person über die Atmosphäre oder über ihre Gedanken und Gefühle (Wirkung der Farben aufnehmen!),

• ein Dialog zwischen ihr und dir,

• eine unwirkliche Geschichte, die vielleicht dadurch noch ungewöhnlicher wird, daß ein Gegenstand aus einer deiner Taschen als irritierendes Element dazukommt,

• ein Gedicht, v.a. zu Bildern von Klee oder Hundertwasser, deren häufig lyrische Titel als wiederkehrendes Leitmotiv verarbeitet werden könnten.

Beispiele: „Engel bringt das Gewünschte", „Villa R.", „Diesseitig bin ich gar nicht faßbar (Klee)".

„Gefängnisgarten des Traumes", „Die Liebe der oberen zu den unteren Augen", „Blindes Auto und Lastwagen", „Augenwaage", „Der Käfer des Anfangs", „Der bewaffnete Abend" (Hundertwasser).

Klecksographien

Ideen für Texte kannst du auch durch Bilder bekommen, die mit Hilfe des Zufalls entstehen. Stelle nach folgenden Anleitungen mehrere „Klecksographien" her.

Anleitung 1. Falte ein Blatt Papier in der Mitte, kleckse Tinte oder flüssige Farbe in den Knick, drücke die Blatthälften zusammen, verteile die Flüssigkeit durch Zusammendrücken, und klappe auseinander.
2. Verteile verschiedene Farbkleckse mit viel Wasser auf einem Blatt, drücke ein zweites Blatt darauf, verteile die Farben, und falte auseinander.

Schreib-
vorschläge Betrachte die Bilder, und ergänze sie in deiner Phantasie. Siehst du freundliche oder feindliche Wesen? Was fragst du sie? Was antworten sie? Oder siehst du geheimnisvolle Landschaften? Oder etwas ganz anderes?
Schreibe über deine Eindrücke, dein Staunen, deine Fragen, ... z.B. in einem Gedicht mit Du-Anrede und bilderreichen Formulierungen oder in einem Brief an eine Freundin.

Vertrauensspaziergang

Anregung: Klaus Vopel

Anleitung Bildet 2er Gruppen. Wichtig ist, daß ihr euch vertraut, denn ihr sollt euch anschließend auf einem 15minütigen Spaziergang durch die Natur, über den Schulhof oder in ein Gebäude mit verbundenen Augen führen lassen.
Aufgabe für die führende Person ist es, der „blinden" schöne oder interessante Sinneseindrücke zu vermitteln. Dafür faßt sie diese bei der Hand und führt sie an verschiedene Plätze, an denen etwas zu befühlen, zu riechen, zu hören, ... ist.
Laßt euch für die einzelnen Eindrücke genügend Zeit.
Alles, was erschrecken könnte, soll fürsorglich umgangen werden. Zur Not darf an solchen Stellen auch gesprochen werden, sonst verständigt ihr euch nur über den Handkontakt.
Nach einer Gewöhnungsphase solltet ihr auf hindernisfreier Fläche gemeinsames Laufen und Rückwärtsgehen erproben. Überwindet auch Höhenunterschiede, z.B. Treppen.
Die erste Hälfte des Spazierganges dauert 15 Min., dann werden die Rollen gewechselt. Am Schluß kommen alle wieder zusammen und schreiben ihre Erlebnisse auf – ohne sich vorher unterhalten zu haben.
Mögliche Gesichtspunkte:
- Was war für mich besonders auffällig?
- Was war für mich am angenehmsten/unangenehmsten?
- Was habe ich beim Führen bzw. Geführtwerden gedacht oder gefühlt? Welche Rolle gefiel mir besser?
- Was möchte ich meinem/er Partner/in sagen?
- evtl.: Was will ich mit meinen neuen Erfahrungen anfangen?

Schreib-
vorschläge „Wem das Herz voll ist, dem geht der Mund über", heißt eine Redensart. Schreibe also so, wie du im Moment möchtest.
Du könntest aber auch in einer Art Protokoll über die verschiedenen Eindrücke und deine Empfindungen berichten oder ein Gedicht schreiben.
Themenvorschläge: (ab Jg. 8) „Führen und Geführtwerden" oder „Neue Erfahrungen" (zur Form s. S. 58ff.).

Zwei Hände, ein Stift

Hier wird ein kleines Experiment vorgeschlagen, in dem ihr einiges über euch selbst und eine/n Partner/in erfahren könnt.

Anleitung 1. Setzt euch zu zweit vor ein leeres Blatt, und zeichnet *zugleich* mit *einem* Stift (kein Füller): eine Pflanze, ein Tier, ein Fahrzeug. Dabei darf weder vorher noch während des Zeichnens gesprochen werden! Fangt an, ohne weiterzulesen.

2. Wenn alle fertig sind, werden neue Paare gebildet. Diesmal sollen unter den selben Bedingungen eine Pflanze, ein Mensch und ein Gebäude gezeichnet werden.

3. Nach dem Zeichnen versucht jeder für sich, stichwortartig festzuhalten, was er dabei erlebt hat. Dabei soll deutlich unterschieden werden zwischen dem, was objektiv wahrzunehmen war und dem, was subjektiv dabei empfunden wurde. Am besten geht das in Tabellenform, z. B. so:

Bei Boris war meine Hand oben	Gefühl, ausgeliefert zu sein oder schönes Gefühl, geführt zu werden

4. Nach der Klärung schreibt jeder einen Brief an einen der Partner und teilt darin mit, wie er sich in der Team- bzw. Konkurrenzsituation gefühlt hat. Begründungen nicht vergessen.

Aufeinander zu

Anregung: Joachim Fritzsche /Katrin Bothe

Stellt euch zwei Menschen vor, die einem gemeinsamen Treffen entgegensehen. Ihre unterschiedlichen oder ähnlichen Empfindungen und Gedanken sollen beschrieben und in einem Text so ineinander montiert werden, daß die Gleichzeitigkeit der inneren Ereignisse deutlich wird, z. B. Unlust, Widerwillen, Angst oder Vorfreude.

Anleitung 1. Verabredet eine Situation, die ihr euch gut vorstellen könnt.

Beispiele: Ihr kommt am Abend eine Stunde zu spät nach Hause.

Oder: Ihr habt etwas „ausgefressen" und seid am Nachmittag zu eurem Lehrer bestellt.

Oder: Zwei frisch Verliebte bereiten sich – noch getrennt – auf eine gemeinsame Fete vor.

Vor dem Schreiben müssen festgelegt werden: Ort, Zeit und Zweck des Treffens.

Wenn ihr nicht persönlich schreiben wollt, könnt ihr auch zwei Erwachsene vor einer kritischen Begegnung unter die Lupe nehmen und mit gängigen Klischees spielerisch übertreiben, z. B. Arzt–Patient, Richter–Angeklagter, angehende/r Schwiegertochter/Schwiegersohn–zukünftige/r Schwiegermutter/vater.

2. Verteilt die Rollen, und schreibt aus der Sicht der zugeteilten Personen über das, was sie denken, befürchten, erhoffen, ... und tun.

Schreibt mit deutlichen Abschnitten nur auf die eine Seite des Blattes, das erleichtert die anschließende Aufgabe.

3. Zerschneidet die Abschnitte eures Textes und stellt gemeinsam eine „Gefühls-Montage" her.

Verbannt!

ab Jg. 8, E.

Stelle dir vor, du wirst von einer autoritären Regierung für drei Jahre auf eine einsame Insel verbannt. Weil man „Gnade vor Recht" gelten läßt, erlaubt man dir, *zwei Personen* und *zehn Gegenstände* mitzunehmen.

Beschreibe deine Überlegungen bei der schwerwiegenden Auswahl.

Wen nimmst du mit? Warum nicht andere Personen? Was erhoffst bzw. befürchtest du von ihnen?

Versuche auch die Auswahl der Gegenstände zu begründen. Welche können lebensnotwendig sein? Welche würden die Lebensqualität steigern, welche wären zwar ganz angenehm, sind aber überflüssiger Luxus?

Traumpartner/in

ab Jg. 8, E.

Anleitung 1. Fertige zur Einstimmung auf das Thema eine Collage an. Dabei kannst du auch spielerisch aus der Sicht eines/einer erfundenen Jugendlichen vorgehen.

2. Sammle zunächst möglichst viele Vorstellungen über eine/n ideale/n Partner/in. Teile dafür eine Seite durch einen waagerechten Strich, und schreibe über die erste Hälfte: „Mein/e Traumpartner/in sollte ..." und über die zweite: „Mein/e Traumpartner/in sollte nicht ...".

Berücksichtige dabei nicht nur Äußeres, sondern auch Gedanken, Einstellungen, Gefühle, Vorlieben, Abneigungen, Verhaltensweisen, ...

3. Schreibe anschließend einen Brief an eine andere Person, in dem du von diesem/r Partner/in schwärmst.

Du kannst auch mit vielen blumigen Vergleichen kitschig übertreiben.

4. Schreibe ein Lob-Gedicht nach dem Muster eines „Akrostichons" (s. S. 104).

5. Auswertung in Gruppen:

a) Tragt zunächst in getrennten Mädchen- bzw. Jungengruppen alle ähnlichen Vorstellungen zusammen.

b) Vergleicht dann in der Klasse / im Kurs alle Ergebnisse anhand der Frage, ob und wie sich die Wünsche von Jungen und Mädchen unterscheiden.

6. Schreibt danach eine Stellungnahme über die Ansichten eurer Mitschülerinnen bzw. Mitschüler (mögliche Anfänge: „Mich hat gewundert/geärgert/gefreut, ...").

Mit dir würde ich am liebsten ...

ab Jg. 9, 6er Gr.

Sinn Ähnlich wie bei der Übung „Metaphernporträt" (s. S. 17) geht es auch hier darum, sich in einer Gruppe besser kennenzulernen. Diesmal stehen aber nicht Selbsteinschätzungen der einzelnen im Mittelpunkt, sondern der Auftrag, die anderen 5 Gruppenmitgliedern vorgegebenen Rollen zuzuweisen.

Dadurch bekommt jeder von den 5 Personen Auskunft, wie er im Moment von ihnen eingeschätzt wird – ein sogenanntes „feed back".

Daraus ergeben sich reizvolle Anlässe, schriftlich (oder auch mündlich) auf die Fremdeinschätzungen zu reagieren.

Anleitung 1. Lies dir zunächst die folgenden Rollen durch:

a) Berater/in beim Aussuchen einer neuen Zimmereinrichtung,

b) Helfer/in bei der Vorbereitung auf eine schwierige Klassenarbeit,

c) Teammitglied für eine abenteuerliche Expedition,

d) Freund/in für eine romantische Segeltour in der Südsee,

e) Mitstreiter/in für die Durchführung einer politischen Aktion (z.B. Demonstration),

f) Kumpel für das „Verjubeln" von 200 DM an einem Abend,

g) Vertrauensperson beim Besprechen persönlicher Probleme,

h) Vater bzw. Mutter für dich in einer erfundenen Wahl-Familie,

i) Gegner/in in einem Kampf, in dem man seine Kräfte messen oder auch Aggressionen loswerden kann.

2. Ordne nun die 5 Gruppenmitglieder verschiedenen Rollen zu.

Schreibe dafür auf ein leeres Blatt auf die linke Hälfte die fünf Namen deiner Gruppenmitglieder untereinander. Setze neben jeden Namen eine der oben genannten Rollen, die nach deiner Einschätzung am besten zu der Person paßt. Jede Rolle darf aber nur einmal vergeben werden.

3. Wenn alle fertig sind, werden die Blätter in der Gruppe herumgereicht. Jeder macht sich Notizen über die Zuordnungen – v.a. seiner eigenen Person –, die ihn gefreut, gewundert oder auch geärgert haben.

4. Anschließend schreibt jeder einen Text, in dem auf eine Zuordnung – oder auch mehrere – reagiert wird.

Beispiele • Ein Brief, in dem du deine Verwunderung äußerst und Fragen stellst, dich bedankst oder auch rechtfertigst (möglicher Anfang: „Denk ja nicht, daß ich so bin, wie du mich siehst … Denn …"). • Eine Phantasiegeschichte, in der du die zugewiesene Rolle übernimmst und witzig, ironisch oder ernst gemeint ausspinnst, was ihr gemeinsam unternehmt. • Ein Gedicht mit Gegensätzen („Ihr seht mich als … / Ich aber …"). • Ein Text aus der Sicht einer anderen Person (möglicher Anfang: „Du meinst wohl, ich führe mit dir in die Südsee …").

Konfliktlösung konstruktiv
ab Jg. 9, E. bzw. 2er Gr.

Konflikte, die wir zwischen „zwei Seelen" in uns oder mit anderen Personen haben, müssen wir möglichst bald zu lösen versuchen. Sonst blockieren sie uns in allen anderen Lebensbereichen länger als nötig.

Kommunikations- und Verhaltenstrainer haben dafür viele Möglichkeiten erfunden, die lebendiges Lernen anregen. Die hier vorgeschlagene Übung ist von einem *„Rollenspiel auf zwei Stühlen"* (Schwäbisch/Siems) angeregt. Sie hat aber im Vergleich zum mündlichen Konfliktgespräch den Vorteil, den Schreiben auch sonst bietet: mehr Zeit zum Nachdenken.

Die Übung sensibilisiert für psychische Vorgänge in uns selbst und bei anderen Personen. Mit Hilfe von Perspektivenwechseln in einem Rollentext kommen wir Konfliktlösungen näher.

1. Gehe von einem persönlichen Konflikt aus oder von einem, den Jugendliche haben oder haben könnten (z. B. Wunsch, mit dem Freund/der Freundin allein zum Zelten zu fahren – Widerstand der Eltern. Was ist zu tun?).

2. Stelle dir vor, du persönlich führst ein Konfliktgespräch. (Wenn dir das zu direkt ist, kannst du ein Ich erfinden. Dieses „fiktive" Ich – oder dein persönliches – kann

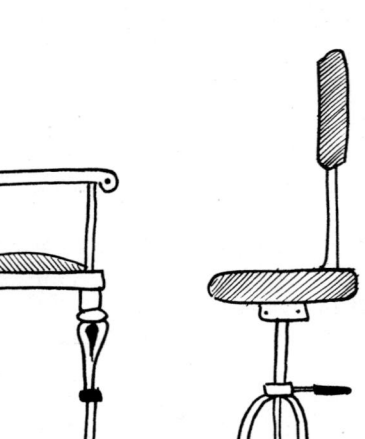

entweder mit einer konkreten Person im Gespräch sein oder die „zwei Seelen in einer Brust" – zum Beispiel Verstand und Gefühl – zum Zug kommen lassen.)

Schreibe zunächst – auf dem ersten Stuhl sitzend – aus der Perspektive der einen Seite, wechsele dann den Stuhl, und antworte aus der anderen Perspektive usw. Der jeweilige Stuhlwechsel erleichtert den geistigen Seitenwechsel.

Für den Beginn des Rollentextes empfiehlt sich folgendes *Anfangszeremoniell:* Du erklärst kurz, wie du dich im Moment fühlst und was du der anderen Person gegenüber empfindest (z. B. das Gefühl, beherrscht zu werden). Dann schreibst du aus Sicht der anderen Seite zu den selben Punkten.

Im *Mittelteil* kannst du die beiden Seiten abwechselnd in kurzen Passagen zu je einem Punkt oder auch in längeren Zusammenhängen zu Wort kommen lassen. Inhaltlich sollten dabei folgende Punkte aufgegriffen werden: ● der Inhalt des Konflikts, ● die jeweiligen Interessen, Hoffnungen und auch Wünsche des Gegenüber, ● die Befürchtungen und Einwände.

Vergiß dabei nicht, bei jedem Seitenwechsel auch die Stühle zu tauschen. Wichtig ist für konstruktive Gespräche jeweils auch die Form der Ich-Aussage (z. B. „Ich empfinde dabei …"). Also die andere Seite nicht in der Du-Form nach dem gängigen Muster: „Du bist aber immer so …" interpretieren und abstempeln!

Im *Schlußteil* wird versucht, ein Ergebnis zu erarbeiten. Dabei ist es hilfreich, ● zunächst, ohne gleich zu bewerten, möglichst viele vorstellbare Lösungen – auch abwegig erscheinende – zusammenzutragen, ● Ideen der anderen Seite aufzugreifen („Du hast eben gesagt … dazu fällt mir noch ein …"), ● schließlich undurchführbare Vorschläge auszusortieren und ● sich am Schluß auf eine Lösung zu einigen, die beide Seiten akzeptieren können.

Vorschlag: Es wird ein idealer Vertrag mit Rechten und Pflichten für beide Seiten aufgeschrieben.

2er Gr.

Variation Das Konfliktgespräch wird mit einer vertrauten Person, z. B. der Freundin, durchgespielt.

Zur Vorbereitung wird ein möglicher Konflikt erfunden oder, wenn er wirklich existiert, kurz dargestellt.

Dann werden die Rollen festgelegt – deine Freundin übernimmt z. B. die Rolle deines Vaters –, und jede Person schreibt aus ihrer Sicht ein bis zwei Sätze. Danach werden die Blätter ausgetauscht, und jeder reagiert auf das Geschriebene usw.

Geschlechtertausch

Sinn Hier wird aufgegriffen, was nicht nur im Fasching, sondern in der Literatur und in der Geschichte des Films eine lange Tradition hat. Es macht Spaß und kann neue Erfahrungen vermitteln, wenn beim Schreiben probeweise aus der Perspektive des jeweils anderen Geschlechts gedacht, gefühlt und gehandelt wird.

Dabei konzentrieren wir uns bewußt auf ein traditionelles Rollenverständnis von „männlich" und „weiblich" und spielen mit Klischees. Das ist für Schreibende und die Leser/innen lustvoller und erleichtert es, sich mit extremen Verhaltensweisen auseinanderzusetzen und sie zu entlarven.

Anleitung Verwandle dich als Mädchen in eine männliche Figur (Jungen entsprechend), und schreibe darüber, wie du typisch „männlich" bzw. „weiblich" äußere und innere Vorgänge erlebst.

Vorschläge zu Inhalten: • allein unterwegs, • Begegnungen (z.B. in der Pausenhalle, in einer Disco, bei einem Gedränge im Kaufhaus) und • ihre Folgen (z.B. Liebe auf den ersten Blick oder eine Auseinandersetzung).

Vorschläge zur Form: • tagebuchähnliche Notizen mit Gedanken und Gefühlen, • satirisch übertriebene Darstellung, • Erfolgsbericht mit entsprechender Sprache, • Erprobung der verschiedenen Erzählerhaltungen „auktorial" und „personal" (s. S. 48), • zwei Perspektiven, also den selben Inhalt einmal aus „männlicher", dann aus „weiblicher" Sicht.

Tagebuch anders

Wer Tagebuch schreibt, tut dies aus eigenem Antrieb und braucht eigentlich keine Anregungen. Es gibt aber Tagebücher, in denen nur wie in einem Terminkalender aufgereiht wird, was wann und wo gemacht wurde. Vielleicht brauchen diese Schreiber/innen ein abschließbares Tagebuch, damit sie sich eher trauen, das aufzuschreiben, was viel persönlicher und wichtiger ist: die Auswirkung der äußeren Ereignisse auf ihr Inneres, die Gedanken, Empfindungen und Phantasien.

Ein so geschriebenes Tagebuch kann helfen, intensiver zu erleben, Gefühle zu klären, von Ängsten zu befreien, Freude zu verdoppeln und Leid zu halbieren.

Form- • Wie in einem Brief ein Gegenüber anschreiben (z.B. „Liebe Kitti!" oder „Liebes
vorschläge Tagebuch!"), • Gedichte (s. S. 58ff.), • „Automatisches Schreiben" (s. S. 34), • „Cluster" (s. S. 35) und • „Konfliktlösung konstruktiv" (s. S. 85).

Selbstporträt anders

Anleitung 1. Suche dir *sieben Wörter*, zu denen du eine persönliche Beziehung hast. Wörter, die du gern magst, die dich reizen oder ärgern. Schreibe diese Wörter jetzt mit etwa 4 cm Abstand untereinander an den linken Rand einer freien Seite.

Sieh dir danach jedes Wort einzeln an, umkreise es mit deinen Gedanken und Gefühlen. Laß dir Zeit dabei! Notiere dir Einfälle als Stichwort oder als kleine Zeichnung neben dem Wort.

2. Schreibe jetzt aus der Ich-Perspektive zu jedem Stichwort 1−3 Sätze. Diese sollten möglichst persönlich und anschaulich sein. Versuche nicht, die einzelnen Aussagen zu einer zusammenhängenden Geschichte zu ordnen, denn hier geht es um Fülle und Vielfalt deiner Einfälle.

Bild

Mit Hilfe eines Fotos von dir und bildlichen Ergänzungen soll eine besondere Collage hergestellt werden, die zeigt, was dich umgibt und beschäftigt.

Du kannst dich dabei auf ein Rahmenthema konzentrieren (z. B. „Was mich bedrückt" oder „Was ich mir wünsche") oder ganz offen vorgehen.

Anleitung   1. Klebe dein Foto (möglichst nicht älter als 2 Jahre) in die Mitte eines DIN A3-Bogens. Setze zeichnerisch über den Rand des Fotos hinaus die abgebildeten Teile fort (z. B. andere Personen, den Hintergrund), und zeichne Neues dazu.

Als Ergänzung kannst du Bilder aus Illustrierten, Jugendzeitschriften oder Prospekten dazukleben.

Wenn du willst, kannst du durch Sprechblasentexte und verbindende Linien die Teile deines Selbst-Bildes noch deutlicher aufeinander beziehen.

2. Schreibe zu diesem Selbst-Bild nach der Methode „Automatisches Schreiben" (s. S. 34).

3. Schreibe zu 1 bis 3 Schwerpunkten aus deinem Bild eine kleine Erzählung.

4. Schreibe zu jedem Schwerpunkt auf: ein Wort oder einen kurzen Satz, in dem das Wort Ich vorkommt.

Überdenke eine passende Reihenfolge, und montiere ein Gedicht.

5. (ab Jg. 8) Schreibe aus der Sicht einer erfundenen Figur einen Brief, in dem sie dich beschreibt (möglicher Briefanfang: „Liebe Ronja, ich habe in der letzten Woche jemanden kennengelernt, den ich Dir unbedingt beschreiben muß. Also …").

Lebenslauf anders

Anregung: Gerd Brenner

Dieses Verfahren wurde in der Bildungsarbeit mit jugendlichen Arbeitern in Berlin entwickelt. Aber auch Jüngere können damit ihre „Innenwelt" erschließen.

Anleitung   1. Zeichne ein Koordinatensystem nach folgendem Muster (X-Achse: Lebensjahre, Y-Achse: Plus-Bereich für positive Bewertung von Ereignissen, Negativ-Bereich entsprechend). Kennzeichne darin Höhepunkte und Tiefpunkte aus deinem Leben mit einem Sternchen und einem Stichwort.

2. Zeige diese Übersicht vertrauten Personen, und laß sie je einen Punkt markieren, der sie besonders interessiert. Bitte sie außerdem, mögliche Fragen und vielleicht auch Schreibvorschläge zu notieren.

3. Stelle in einem Text den Punkt dar, der die anderen am meisten interessiert hat. Erzähle auch, wie es zu dem Höhe- bzw. Tiefpunkt kam und wie sich das Erlebnis auswirkte.

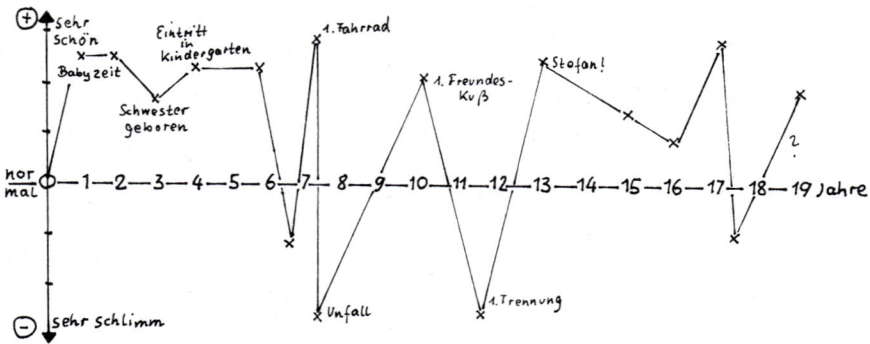

Wer bist du?

Anregung: Gerhard Huhn

Bei dieser Übung kannst du mit Hilfe eines besonderen Interviews mehr über dich selbst erfahren.

Anleitung   1. Stelle dir vor, ein Mensch, der dir sehr vertraut ist, fragt dich *zehnmal*: „Wer bist du?"

Schreibe deine jeweilige Antwort jedes Mal auf eine Karteikarte oder ein postkartengroßes Blatt. Denke nicht lange nach, sondern schreibe den ersten Gedanken auf. Du kannst stichwortartig antworten, z.B. „ein Träumer", „eine Volleyballspielerin" oder als Fortsetzung des Satzes „Ich bin ein Mensch, der gerne/ungerne …". Du kannst auch aufschreiben, was du gerne wärest, tätest, hättest.

2. Wenn du alle 10 Karten beschrieben hast, breite sie vor dir aus, und numeriere sie nach ihrer Bedeutung für dich von 1 bis 10.

3. Begründe nun auf allen Rückseiten der Karten deine Antworten und – wenn du kannst – auch deine Rangfolge. Fange jeweils mit „weil …" an.

4. Empfehlungen zur Vertiefung:

a) (2er–4er Gr.) Besprecht in einer vertrauten Gruppe mit genügend Zeit eure Karten.

b) (2er Gr.) Besprecht zu zweit eure Ergebnisse, und schreibt dann jeweils über den/die Partner/in, z.B. • eine Personenbeschreibung oder • ein „Montagegedicht" (s. S. 62) aus vielen Zitaten.

c) (E.) • Schreibe aus der Sicht der erfundenen Person, die dich interviewt hat, einen zusammenhängenden Text, in dem deutlich wird, was alles für dich wichtig ist oder sein könnte. Verarbeite dabei die wichtigsten Informationen von den Karten – auch die Rangfolge der Aussagen – und eigene Deutungen und Wertungen.

• Stelle dir vor, du hättest nur noch neun Monate zu leben. Schreibe dir aus der Sicht der Person, die dich interviewt hat, einen Brief, in dem steht, was du in dieser Zeit tun solltest.

5-Jahres-Plan

Anregung: Gerhard Huhn

Sinn   In der vorherigen Übung hast du vielleicht bei Aufgabe 4.c) den Unterschied gespürt zwischen dem, was für dich zur Zeit wichtig *ist* und dem, was noch mehr Bedeutung bekommen *sollte*.

Der folgende Vorschlag regt dich an, deinen gegenwärtigen „Ist-Zustand" und das gewünschte „Soll" systematisch zu klären. Die so gewonnene Klarheit kann dir helfen, deine Energie für die eigene Lebensgestaltung sinnvoll einzusetzen.

Anleitung   1. Suche dir 10 Punkte, Bereiche oder Werte, die in deinem gegenwärtigen Leben eine Rolle spielen und in den nächsten 5 Jahren von Bedeutung sein werden. Du kannst dabei von den folgenden Gesichtspunkten ausgehen oder andere wählen: Ausbildung (Schule, Beruf), Familie, Freund/innen, Liebe, Religion, Politik (Umwelt, Unterdrückte, Frieden, …), Zeit für mich, Gesundheit, Fitness, Hobby, Selbstverwirklichung, Kreativität, Spontaneität, Wißbegier, Zuverlässigkeit, Gründlichkeit, Ordnungsliebe, Pünktlichkeit, Geselligkeit, Ansehen, Unabhängigkeit, Freiheit, Selbständigkeit, Verantwortungsbereitschaft, Bereitschaft zu teilen, Ehrlichkeit, Offenheit, Veränderungsbereitschaft, Risikofreude, Kritikfähigkeit, Konfliktfähigkeit, Toleranz, Kompromißbereitschaft, Gelassenheit, Milde, …

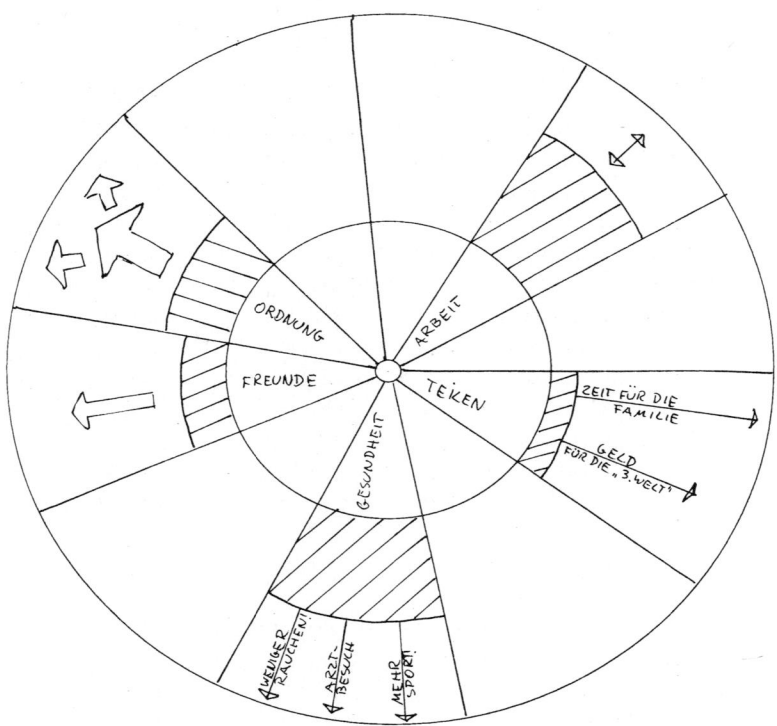

Du kannst auch eindeutig Negatives auswählen, z.B. Überempfindlichkeit, Verschwendungssucht, Konsumabhängigkeit, ungesundes Laster, ...

2. Zeichne nun auf ein mindestens DIN-A4-großes Blatt einen großen Kreis mit einem kleinen Innenkreis (Durchmesser 17 bzw. 7 cm).

Für jeden der 10 von dir ausgesuchten Punkte wird nun ein tortenstückähnlicher Kreisausschnitt eingerichtet und jeweils im Innenkreisausschnitt in Kurzform benannt. Die „Tortenstücke" können alle gleich groß sein (Vorteil: Eine fotokopierte Vorlage erspart allen Beteiligten zeitaufwendige „Zirkelarbeit".). Sie können aber auch unterschiedlich groß gezeichnet werden, um so anzuzeigen, wie groß die Bedeutung der einzelnen Bereiche ist.

Die neben den Stückspitzen übrigbleibenden Flächen teilst du durch Kreisbögen in jeweils zwei Teile. Dabei soll die Größe der inneren Flächen (Sie wird schraffiert!) im Vergleich zur gesamten Fläche anzeigen, wie weit du die Verwirklichung der Gesichtspunkte im Moment einschätzt. Wenn du beispielsweise meinst, du hättest von all deinen Möglichkeiten im kreativen Bereich erst ein Viertel genutzt, wird die schraffierte Fläche entsprechend klein sein.

3. Zeige nun mit Hilfe von Pfeilen (unterschiedlich viele, verschieden lang oder dick), wieviel Energie du in den nächsten 5 Jahren in den einzelnen Bereichen einsetzen willst, um den „Ist-Zustand" zu vergrößern oder zu verkleinern.

4. Die Ergebnisse der intensiven Selbsterforschung und Planungsarbeit lassen sich gut für Texte nutzen, z.B. für ein Gedicht, in dem deine Überlegungen in anschaulichen Bildern verdichtet werden (möglicher Titel: „Heute – morgen")

oder für einen in der „personalen Erzählhaltung" geschriebenen Text, in dem du aus der Perspektive einer erfundenen Er- oder Sie-Figur in der Er/Sie-Form (s. S. 49) Selbsteinschätzungen und Pläne darstellst, z.B. so: „Eigentlich fand er sich ganz okay ...", „Der Geist ist willig, doch ..."

… und schreibst einen Brief mit Wünschen für ein neugeborenes Kind.

Schreib-
vorschläge

Erste Möglichkeit: Du schreibst für ein heute geborenes Kind Wünsche auf.

Zweite Möglichkeit: Empfänger bist du selbst, als du noch ein Baby warst.

Statt des Briefes kannst du auch ein Gedicht zum Thema „Wünsche für ein neugeborenes Kind" schreiben. Als schön gestaltete Karte oder auch gerahmt kannst du es zu einer Taufe verschenken. Du kannst mit der Idee, Wünsche für ein neugeborenes Kind zu formulieren, auch eine Tauffeier lebendiger machen.

Zur Vorbereitung ist folgendes nötig: Male auf einen etwa menschengroßen Packpapierbogen einen Baum mit Ästen und Zweigen, und hänge ihn an einer gut sichtbaren Stelle auf. Schneide außerdem aus einem hellgrünen Papierbogen für alle Anwesenden handtellergroße Blattformen aus, und verteile sie mit entsprechend viel Schreibstiften während der Feier.

Bitte nun alle, ihre ganz persönlichen Wünsche auf das Blatt zu schreiben und dieses anschließend am Baum mit einer Stecknadel oder mit Klebstoff zu befestigen.

Dein Museum

Schreib-
vorschlag

Zu deinen Ehren ist ein Museum eingerichtet worden. Schreibe über einen Rundgang, bei dem du einem deiner Kinder alles stolz zeigst, was über dich dort ausgestellt worden ist.

Welche Abteilung (z. B. frühe Kindheit, Schulzeit, Ausbildung, Greenpeace-Zeit, …) und Ausstellungsstücke (z. B. Spielsachen, Kleider, Bild- und Textdokumente, …) kannst du zeigen?

Erkläre deinem Besucher das Besondere der Ausstellungsstücke, und erzähle ihre Geschichte. Dabei kannst du ernsthaft von bestimmten Gegenständen berichten oder aber auch witzig übertreiben.

Deine Memoiren

Anregung: Gerd Brenner

Die Anweisungen gelten für alle Gruppenmitglieder:

Anleitung 1. Stelle dir vor, du schreibst mit 80 Jahren deine Lebenserinnerungen. Gehe in Ruhe noch einmal alle wichtigen Lebensabschnitte durch. Was war besonders schön, anstrengend, traurig? Worauf bist du stolz? Was hättest du anders machen sollen? ...
Überlege in Ruhe, wie du deine Memoiren gliedern willst. Schreibe danach Überschriften für die verschiedenen Kapitel auf.
2. Gib dieses Inhaltsverzeichnis in der Runde herum, und bitte jedes Gruppenmitglied, das Kapitel anzukreuzen, das am meisten interessiert oder neugierig macht.
3. Schreibe über das am meisten gewählte Kapitel zu Hause.
4. In der folgenden Stunde werden die Ergebnisse vorgelesen oder vertrauten Personen zum stillen Lesen gezeigt. Anschließend können neue Kapitel in Auftrag gegeben werden.

Nachruf

Nun liegt dein Leben leider schon hinter dir. Hier hast du aber noch die Gelegenheit, von deinem hoffentlich interessanten, erfüllten Leben Zeugnis abzulegen.
Schreibe z. B. • eine Rede, die ein Freund oder eine Freundin auf deiner Beerdigung halten könnte (z. B. nach dem Muster des „Fünfsatzes", s. S. 66), • einen Drei-Satz-Lebenslauf (mögliche Anfänge: „Sie/er wuchs auf neben ... Sie/er lernte ... Sie/er geht in die Geschichte ein als ein Mensch, der ...").

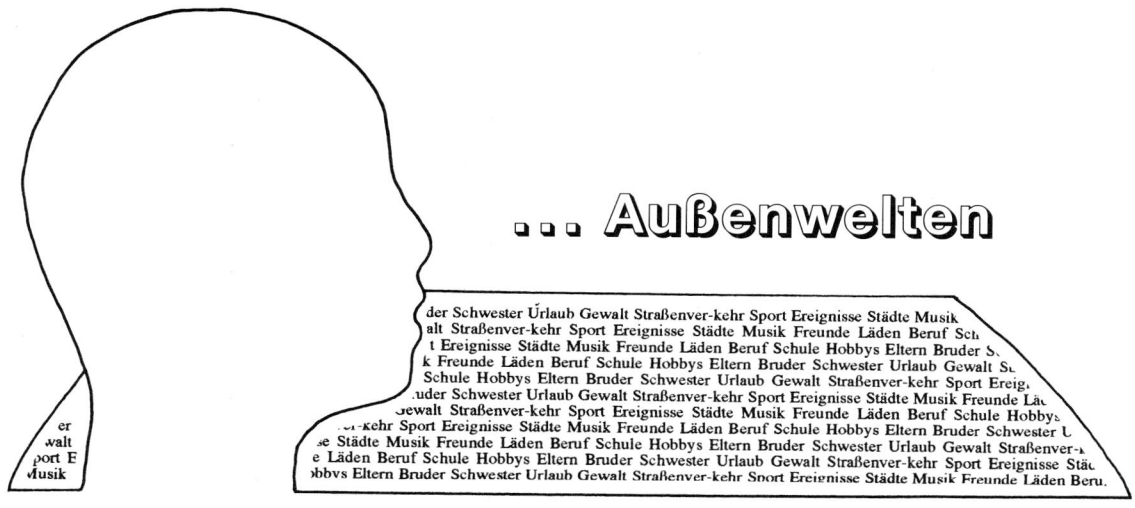

... **Außenwelten**

der Schwester Urlaub Gewalt Straßenver-kehr Sport Ereignisse Städte Musik
alt Straßenver-kehr Sport Ereignisse Städte Musik Freunde Läden Beruf Sch
t Ereignisse Städte Musik Freunde Läden Beruf Schule Hobbys Eltern Bruder S
k Freunde Läden Beruf Schule Hobbys Eltern Bruder Schwester Urlaub Gewalt St
Schule Hobbys Eltern Bruder Schwester Urlaub Gewalt Straßenver-kehr Sport Ereig
uder Schwester Urlaub Gewalt Straßenver-kehr Sport Ereignisse Städte Musik Freunde Läd
Gewalt Straßenver-kehr Sport Ereignisse Städte Musik Freunde Läden Beruf Schule Hobbys
kehr Sport Ereignisse Städte Musik Freunde Läden Beruf Schule Hobbys Eltern Bruder Schwester U
se Städte Musik Freunde Läden Beruf Schule Hobbys Eltern Bruder Schwester Urlaub Gewalt Straßenver-k
e Läden Beruf Schule Hobbys Eltern Bruder Schwester Urlaub Gewalt Straßenver-kehr Sport Ereignisse Stä
bbys Eltern Bruder Schwester Urlaub Gewalt Straßenver-kehr Sport Ereignisse Städte Musik Freunde Läden Beru

In diesem Kapitel geht es darum, sich „Außenwelten" aus subjektiver Sicht zu nähern und sie schreibend zu verarbeiten.

Es soll angeregt werden, • genauer wahrzunehmen, was einen umgibt, • mögliche Wirklichkeiten spielerisch zu erfinden, • differenzierter zu empfinden und zu bewerten (z.B. dadurch, daß man die Perspektive anderer probeweise übernimmt oder „zwei Seiten einer Medaille" betrachtet), • zu dokumentieren, was den Alltag bestimmt, und schließlich • sich auseinanderzusetzen mit dem, was einen ärgert und • sich mit Phantasie zu engagieren für das, was einem selbst und anderen wichtig ist.

Tiere

ab Jg. 5, E.

Zu Tieren haben viele von euch eine besondere Beziehung: Ihr seht sie als persönliche Freunde, mit denen ihr sprechen könnt, oder als Geschöpfe, die vieles von dem verwirklichen, was ihr gerne selbst wäret oder könntet – z.B. unabhängig oder stark sein und fliegen wie ein Adler oder tauchen wie ein Delphin.

Vorschläge 1. Zeichne zur Einstimmung ein Tier, das dir gefällt oder dir vielleicht sogar als Haustier nahesteht. Du kannst auch eine Collage (Klebebild) anfertigen.

2. Schreibe eine Geschichte über ein besonderes Erlebnis, das du mit diesem Tier hattest oder dir in deiner Phantasie vorstellst (lustig, traurig, aufregend, ...).
Vorschläge zur Form: s. „Geschichten Grammatik", S. 48 (möglicher Anfang für die Phantasiegeschichte: „Als ich mit meinem Rappen Bento der aufgehenden Sonne entgegenritt ...").

3. Erzähle, was du alles mit deinem Haustier erlebst – oder erleben möchtest, wenn du dein Lieblingstier als Freund halten dürftest.
Formvorschlag: Mehrere kleine Szenen als „Situationsskizzen" (mögliche Anfänge: „Immer wenn ich ..., dann macht/denkt/sagt es ...").

4. Schreibe, falls du ein Haustier hast – oder gut darüber Bescheid weißt –, eine „Anschaffungsberatung".
Daraus sollten deine Mitschüler/innen Antworten auf folgende wichtige Fragen bekommen: Was spricht gerade für dieses Tier? Für wen ist es geeignet? Welche äußeren Voraussetzungen sind zu Hause erforderlich? Welche Probleme können entstehen? Wie lassen sie sich lösen?

5. Schreibe, falls du noch kein Haustier hast, einen „Wunsch-Brief" an deine Eltern, in denen du ihnen anschaulich begründest, warum du gerne ein besonderes Tier hättest.

6. Stelle dir vor, du könntest dich in dein Lieblingstier verwandeln. Schreibe aus der Tier-Perspektive in Ich-Form.
Was erlebst du in vertrauter oder ungewohnter Umgebung? Wie gehen befreundete oder feindliche Menschen mit dir um? Was empfindest, wünschst, fürchtest du dabei?

Geräusche

ab Jg. 5

Anleitung   1. Gehe zu einem Ort, an dem viele typische Geräusche zu hören sind (z.B. Küche, Bad, Tierhandlung, Bauernhof mit Tieren, Straßenkreuzung, Werkstatt, Fabrik), und versuche, diese Geräusche aufzuschreiben (z.B. zirrrrrfitt, dockdockdock). Du kannst auch Geräusche nach deiner Erinnerung oder von einer Geräuschcassette festhalten.
2. Schreibe ein Gedicht mit möglichst vielen dieser Geräusche und wenig verbindendem Text.

Nahaufnahmen

ab Jg. 7, E.

Wir nehmen die Außenwelt häufig nur als Gesamteindruck wahr (der Bahnhof, der Markt, die Stadt). Viel interessanter als die Totale ist aber, nicht nur im Film, die Nahaufnahme.

Schreib-vorschlag   Gehe mit einem Notizheft an eine belebte Stelle, und sammle ganz bestimmte „Nahaufnahmen". Beobachte z.B. nur Schuhe, Hosen, Frisuren, Hände, Gesichter. Schreibe anschließend eine Reihe von kleinen Texten, in denen neben den Beobachtungen deine vermuteten Hintergrundgeschichten verarbeitet werden.
(möglicher Anfang: „Dieser ausgelatschte Basketballstiefel hat viel erlebt: Geboren in Taiwan, gekauft vor fünf Jahren, seitdem ...")

Mülleimer

ab Jg. 6, E.

Durchstöbere einen Mülleimer in der Schule, und wähle einen oder zwei Gegenstände aus (z.B. eine Getränkedose).

Textvorschläge   1. Monolog des Gegenstandes: Was denkt und fühlt er, wenn er sich an seine Vergangenheit erinnert, seine trostlose Gegenwart und mögliche Zukunft betrachtet?
2. Dialog zwischen zwei Gegenständen: Wer war/ist wertvoller oder schöner?
3. Diskussion über und Beschluß gegen die gedankenlosen Wegwerfer.

Eingeschmuggelt

ab Jg. 6, 2er Gr. oder E.

Die letzte Lampe geht aus, die letzte Tür wird zugeschlossen. Ihr habt es geschafft, was ihr schon immer mal wolltet: Zu zweit ist es euch gelungen, euch einschließen zu lassen. Nun habt ihr eine ganze Nacht vor euch und könnt eine sonst verbotene Welt erobern, z.B. ein Kaufhaus bei Nacht oder ein Museum, ein Funkhaus, einen Busbahnhof, den Zoo oder die Schule.
Was plant ihr? Was tut ihr? Worüber freut oder ärgert ihr euch? Was ängstigt euch?
Schreibt einen Text mit viel wörtlicher Rede.

Alltag verkehrt

ab Jg. 5, E. oder Gr.

Auch der sogenannte normale Alltag verläuft trotz fester Stunden-
pläne und viel Routine nicht immer gleichförmig. Ihn aber bewußt zu „verkehren" und die Leser/innen zu irritieren, macht
Spaß und kann dazu beitragen, das Gewohnte neu zu sehen.

Anleitung Stelle dir vor, im normalen Alltag ereignet sich etwas völlig
anders als erwartet. Berichte darüber sachlich, und zwar
so, als wäre das Außergewöhnliche ganz normal.
Mögliche Anfänge: a) „Als ich am letzten Freitag verspä-
tet meinen Klassenraum betrat, saßen wieder einmal
an jedem zweiten Platz Tiere …"
b) „Am 28. Februar war alles anders: Als ich die Du-
sche aufdrehte, kamen … Im Kühlschrank fand ich
nicht …, sondern … Statt der gewohnten Morgen-
musik brachte das Radio … Auf dem Weg zur
Schule begegnete mir …" usw.

Alltag phantasiert

ab Jg. 6, Gr. oder E.

„Außenwelten" sind nicht immer so, wie wir sie gerne hätten. Hier könnt ihr spielerisch, satirisch oder auch ernst gemeinte Veränderungen erproben.
Erfunden werden kann alles, was den Alltag verändert, was ihn z.B. spannender,
entspannter, sportlicher, musischer, natürlicher, menschlicher, … oder auch einfach nur lustiger macht.

Schreib-
vorschläge
1. Gründet *Phantasie-Vereine* (Anregung: Schalk/Rolfes), und schreibt über Ziele
des Vereins, Aufnahmebedingungen, Satzungen, Erfolge, …
Beispiele: „Verein zum Schutz der Gummibärchen", „Verein zur Erleichterung des
Schüler/innen-Lebens", „Schutzbund: Deutsche Sprache ohne Fremdwort", „Fan
Club: Scene-Jargon", „Verein zur Beseitigung aller geraden Linien" (Leseempfehlung: „Das Verschimmelungsmanifest" des Malers Hundertwasser).
2. Denkt euch *Phantasie-Berufe* aus. Schreiben könnt ihr über Stellenangebote
oder Stellengesuche in Zeitungen, Tagesabläufe, Erfolgsmeldungen, …

3. Erfindet *Phantasie-Produkte* (z.B. Zeitmaschine, Verwand-
lungsstab, automatische Hausaufgabenmaschine, aufblasbares
Fahrrad mit Regenschutz, …) oder neue „Workshops" (z.B. „In
10 Tagen garantiert reich" oder „… berühmt als …").
Schreibt allein oder zu zweit über Ziele der Erfindung, Einsatz-
möglichkeiten und Erfolge. Vergeßt nicht eine Gebrauchsanweisung mit Zeichnung!
4. Überlegt, wofür ihr von dem, was ihr euch unter 1–3 ausge-
dacht habt, eine *Werbekampagne* durchführen wollt.
Dafür könnt ihr gemeinsam oder arbeitsteilig folgendes entwerfen
(methodische Hilfen: „AIDA", s. S. 65): ● ein Plakat, ● eine Ra-
diowerbung mit gereimten Sprüchen (Länge: maximal 30 Sek.),
● einen Fernseh-Spot (30 Sek.) mit einem kleinen Dialog.
5. Wenn ihr wollt, könnt ihr eure Erfindungen aus anderer Perspektive beurteilen lassen, z.B. in einem Beschwerdebrief eines
Miesmachers („… Wo kommen wir hin, wenn …!").

Besonders ergiebig als Schreibanregung sind immer wieder kurze Zeitungsmeldungen wie die folgenden. Sie zeigen uns Ausschnitte der Wirklichkeit und regen wegen ihrer Kürze zugleich unsere Phantasie an. Je nach Alter solltet ihr eher witzige, spannende oder zum Nachdenken anregende Meldungen aussuchen.

● Räuber geriet an die Falsche

Stockstadt – Auf dem Zettel stand „Geld her – das ist ein Überfall!" Doch die 25jährige Kassiererin einer Bank in Stockstadt (Hessen) blieb ganz ruhig, reagierte nicht. Selbst die Pistole, die der Mann auf sie richtete, machte keinen Eindruck. Mit einem „Vergessen Sie es", gab der Räuber schließlich auf, stellte sich später völlig entnervt selbst der Polizei.

■ Einbrecher saß im Kochtopf fest

Frankfurt/Main – Als er die Polizei kommen hörte, überfiel einen 21jährigen Einbrecher in einer Frankfurter Gaststätte die Panik. Er sprang in einen Großküchen-Kochtopf. Zur Tarnung setzte er sich noch einen kleineren Topf auf den Kopf. Die Polizei fand ihn trotzdem.

Leiche war Puppe

Eine Hausfrau aus der Maybachstraße (Bramfeld) wähnte sich gestern früh in einem Horror-Film: Aus dem Kofferraum eines PKW ragte eine Hand. Die Frau alarmierte die Polizei – die Beamten entdeckten eine Schaufensterpuppe.

Ehefrau vergessen

dpa **Innsbruck** – Routine macht vergeßlich – auch in der Ehe. Das merkte jetzt ein britisches Urlauberehepaar, das über den Brenner nach Österreich eingereist war. Als die Frau auf die Toilette ging, fuhr der Mann ohne sie weiter. Erst nach 150 Kilometern fiel ihm ein: Da war doch noch was …

Bei Mutprobe vom Zug überrollt

Der 17jährige Klaus-Peter Z. ist am Donnerstag abend im S-Bahnhof Ahrensburg (Kreis Stormarn) von einem D-Zug überfahren und getötet worden. Nach Angaben der Kriminalpolizei sollen sich gegen 20.20 Uhr sechs arbeitslose Jugendliche im Alter von 15 bis 21 Jahren auf dem Bahnsteig aufgehalten und eine Mutprobe gemacht haben. Den Lautsprecherhinweis auf die Einfahrt des Zuges aus Kopenhagen hat der 17jährige offensichtlich nicht gehört. Eine 15jährige versuchte, ihn von den Gleisen zu ziehen. Doch er wurde vom Zug erfaßt und auf den Bahnsteig geschleudert. Dabei wurde die 15jährige am Arm verletzt und mußte mit Prellungen und Schock ins Krankenhaus gebracht werden.

Henne päppelt Kranich auf

BERLIN, 27. Oktober (dpa). Die Zwerghenne Martha hat im Berliner Zoo erfolgreich einen Kronenkranich ausgebrütet und aufgepäppelt. Der Mitte August geschlüpfte Kranich, der im Juli seiner künftigen Pflegemutter ins Nest gelegt wurde, ist mit einem Meter Größe bereits viermal so groß wie seine Amme. Nach Angaben von Zoo-Mitarbeitern vom Dienstag war die Fremdaufzuchtaktion der erste derartige Versuch. Bisher wurden Kranicheier häufig im Brutapparat zum Schlüpfen gebracht.

Bei der Aufzucht habe die Henne ein ausgesprochenes Fingerspitzengefühl gezeigt, hieß es. Sie sei sehr fürsorglich mit dem Kranich umgegangen, so daß weitere Experimente folgen könnten.

Affengeil

MIAMI, 27 . Januar (AFP). Mit einer List haben die US-Justizbehörden den illegalen Handel mit Menschenaffen durch mexikanische Zooverwalter aufgedeckt. Wie in Miami am Dienstag bekanntgegeben wurde, verkleidete sich ein Beamter als Gorilla, begab sich in den Affenkäfig und wurde so Zeuge, wie für den Verkauf eines seiner „Artgenossen" die Summe von 92500 Dollar (knapp 150000 Mark) vereinbart wurde. Unter den anschließend Festgenommenen war auch der Direktor der Zoos rund um Mexico-City.

Entscheidet euch zu zweit für eine Meldung, schreibt zunächst allein, und vergleicht dann eure Ergebnisse (möglicher Gesichtspunkt: Wie kommen wir zu so unterschiedlichen Lösungen?).

Schreib-
vorschläge

1. Erfindet eine Vorgeschichte oder/und eine Fortsetzung.
2. Schreibt aus der Sicht einer betroffenen Person (z.B. Täter, Opfer, Zeuge, ...) einen Text in der Ich-Form.
Verarbeitet dabei die möglichen Hintergründe für das Verhalten der Person (z.B. persönliche soziale Lage, Einfluß der besonderen Situation oder von Zuschauern).
Bei der Darstellung solltet ihr versuchen, die Denk-, Fühl- und Sprechweise der Person nachzuempfinden und darzustellen.
3. Laßt zwei Personen sich über das Ereignis unterhalten (Dialog).
4. Schreibt eine Kurzgeschichte (s. S. 56).
5. Skizziert den Inhalt einer Gerichtsverhandlung (Was bringt der/die Angeklagte vor? Womit wird die Anklage und das mögliche Urteil begründet?).

Fotos erzählen ...

ab Jg. 7, E. oder 6er Gr.

... mehr als der Wirklichkeits-Ausschnitt zeigt. Sie fordern uns auf hinzuzukombinieren, z.B. das äußerliche „Drumherum", die Hintergründe, die Bild-Botschaft. Dies gilt besonders für Fotos aus Zeitschriften und Zeitungen, deren Zweck es häufig ist, Betrachter zum Mitdenken und Mitfühlen zu bewegen.

Schreib-
vorschläge

1. Jeder sucht ein Foto aus, das ihn besonders berührt, z.B. erschüttert oder neugierig macht, befestigt es – je nach Größe – an oder auf einem leeren Blatt und schreibt eine eigene Bildunterschrift in Aussage- oder Frageform dazu.
2. Die Bilder werden in der Runde herumgereicht und jedes Gruppenmitglied gebeten, etwas aufzuschreiben, was ihm dazu einfällt – auch Vorschläge oder Wünsche im Hinblick auf die folgende Textgestaltung.
3. Jeder schreibt zu seinem Bild einen passenden Text (keine Bildbeschreibung), z.B. • eine Vorgeschichte, • Fortsetzung, • einen Monolog einer Person aus dem Foto oder einer Zeugin, • einen Dialog, • eine engagierte Anklage, • ein Gedicht mit Gedanken und Gefühlen, • eine Kurzgeschichte (s. S. 56).
4. Noch mehr Einfühlungsvermögen und Phantasie werden gebraucht, wenn von mehreren Fotos ausgegangen wird:
Von etwa 8 erzählenden Fotos (von zu Hause mitgebracht und in der großen Gruppe ausgesucht) wählen sich jeweils zwei Personen drei Bilder aus und schreiben unabhängig voneinander eine dazu passende Geschichte.
Wenn ihr die Ergebnisse vergleicht, werdet ihr feststellen, wie unterschiedlich „Außenwelten" wahrgenommen und gedeutet werden.

Ferien-Postkarten

ab Jg. 7, mindestens 3er Gr.

Jeder bringt eine Karte mit, die an besondere Stimmungen und Gefühle erinnert: an den Sonnenuntergang in der Bucht von ..., die flimmernde Hitze in ..., die einladende Tür zu ..., den Abenteuer verheißenden Blick auf ...

Anleitung

1. Mindestens 3 Personen entscheiden sich jeweils für eine Karte und schreiben, ohne sich vorher über das Bild unterhalten zu haben, jeder ein sogenanntes „Stimmungsbild".
Darin soll geschildert werden, was zu sehen ist und welche eigenen Vorstellungen und Stimmungen davon angeregt werden.
Wenn ihr wollt, könnt ihr den Betrachter auch erfinden. Versucht, ausdrucksstark (expressiv) zu formulieren. Hierbei können farbige und klangvolle Adjektive, Ver-

gleiche und bildliche Ausdrücke helfen (mögliche Satzanfänge: „Wenn ich dieses Bild (oder ein Detail) sehe, spüre ich noch … Mir ist, als ob … Ich sehe vor mir … fühle schon wieder …“).

2. Vergleicht die Texte, und überlegt, wie es kommt, daß die auf der Karte wiedergegebene Außenwelt so unterschiedlich anregend auf euch gewirkt hat.

3. Überarbeitet eure Stimmungsbilder allein oder gemeinsam mit dem Ziel, die besondere Stimmung noch nachfühlbarer herauszubringen (z.B. dadurch, daß ihr Störendes streicht oder ersetzt und anderes ergänzt).

Noch Winter, schon …

ab Jg. 8, 2er Gr. oder E.

Wir beobachten die Natur zwischen Winterende und Frühlingsanfang, sammeln Eindrücke und schreiben ein Gedicht:

Anleitung 1. Für eine Naturerkundung rund um die Schule bekommt jeder 2 mal 12 Zettel (ca. 7 cm x 10 cm) in zwei verschiedenen Farben – möglichst grau und frisch grün.

Auf die tristen Zettel wird genau notiert, was *noch* an den Winter erinnert (jede Beobachtung auf eine Seite), z.B. die besondere Farbe ganz besonderer Pflanzen, das Aussehen von Müllresten, die überwintert haben, Gerüche von Laub, … Auf den farbigen Zetteln wird festgehalten, was *schon* an den kommenden Frühling erinnert.

Dicht rangehen, Laub zur Seite nehmen, Nahaufnahmen machen!

2. Nach ungefähr 15 Min. trefft ihr euch, z.B. auf einem Stückchen Rasen, und vergleicht die Ergebnisse eurer Spurensuche.

3. Schreibt zu zweit – oder auch allein – draußen ein Gedicht.

Inhaltlich sollen dabei das „Noch“ und das „Schon“ deutlich werden. Zur Form findet ihr zahlreiche Anregungen im Teil „Handwerkliches“ (s. S. 58 ff.).

Falls ihr eure ersten Entwürfe verbessern wollt, achtet vor allem auf Kürze und Anschaulichkeit. Streicht also z.B. alle überflüssigen Wörter, und ersetzt allgemeine nichtssagende Formulierungen durch solche, die die Sinneswahrnehmungen der Leser/innen ansprechen.

Sprachschrott

ab Jg. 9, E.

Anleitung 1. Sammle möglichst viele Zitate, die dir im Laufe eines Tages schriftlich oder mündlich begegnen (z.B. zu Hause, in der Schule, in Massenmedien: Werbung, Tagesschau mit besonders nichtssagenden Politiker-Statements, …).

2. Montiere wie bei einer Collage diese Fundstücke zu einem Text. Dabei kannst du auch ausgeschnittenes Material verarbeiten (z.B. Arbeitsanweisungen aus Klassenarbeiten mit Textteilen aus der Werbung).

Denke beim Verarbeiten daran, daß z.B. Teile von Metallschrott häufig unvollständig oder verformt sind. Dementsprechend kannst du auch den gefundenen „Sprachschrott“ bearbeiten, indem du Sätze mit fehlendem Subjekt bildest oder Wörter verformst, die Silben oder Buchstaben wegdrückst oder umstellst.

Gelaber

ab Jg. 8, 6er Gr.

Anleitung 1. Sucht gemeinsam eine Situation aus, in der Jugendliche (oder Erwachsene) häufig zusammen sind und in ihrem Jargon übliche „Sprüche kloppen" (z. B. Raucherecke, montags vor der ersten Stunde, Fete, Fan-Kurve beim Fußball, ...).
2. Jetzt schreibt jeder für sich möglichst viele „Sprüche" auf.
3. Vergleicht eure Sammlungen, und ergänzt euer eigenes Blatt.
4. Anschließend montiert jeder einen Text mit möglichst vielen der gesammelten Zitate.

„Was ein Kind gesagt bekommt"

ab Jg. 5, E. oder 2er–4er Gr.

„Der liebe Gott sieht alles. / Man spart für den Fall des Falles. / Die werden nichts, die nichts taugen. / Schmökern ist schlecht für die Augen ..."
So beginnt ein Gedicht, in dem Bertolt Brecht 1937 wohlgemeinte Rat – Schläge (!) von Erwachsenen zusammengestellt hat.
Die Zeiten haben sich geändert, die Haltung vieler Erwachsener aber nicht. Wie sehen heute ihre Ratschläge und Empfehlungen aus?
Reihe sie in einem Gedicht auf. Pro „Spruch" eine Zeile. Reime sind nicht erforderlich. Sie können aber durch ihren Gleichklang die Eintönigkeit der Aussagen unterstützen.
Der Begriff „Kind" umfaßt normalerweise die Altersspanne bis 14 Jahre. Wenn du älter bist, solltest du ihn entsprechend erweitern.
Steigerung: Statt Rat-Schlägen werden Drohungen formuliert (Anregung: Kaspar Spinner).

Augenblicke

ab Jg. 7, E.

Anleitung 1. Erinnere dich an die letzte Woche. Welche Augenblicke hast du besonders intensiv empfunden? In welchen hast du dich besonders gefreut/geärgert? Liste alle diese Augenblicke stichwortartig auf.
2. Suche dir davon einen aus, den du genauer beschreiben möchtest.
Was war zu sehen, zu hören, zu riechen? Was hast du gefühlt, gewünscht, gefürchtet, gedacht, gemacht? Denke an die Möglichkeit der „Zeitdehnung" (s. S. 50).

Betriebspraktikum

ab Jg. 8/9, E.

Schreibe über ein Erlebnis aus deinem Betriebspraktikum: einmal aus deiner Sicht und dann aus der Perspektive eines Erwachsenen (mögliche Anfänge: „Dieses Erlebnis werde ich nie vergessen …" und „Das mußte ja so kommen, wie der/die schon reinkam!").

Ein Tag

ab Jg. 9, E.

Anregung: Gerd Brenner

In der erzählenden Literatur sind es nicht immer große äußere Ereignisse und spektakuläre Lebensläufe, für die sich die Schriftsteller/innen interessieren, sondern nur kleine Ausschnitte, scheinbar Nebensächliches. Der irische Schriftsteller James Joyce beschreibt z. B. in seinem über 800 Seiten dicken Roman „Ulysses" nur einen einzigen Tag im Leben eines Menschen.

Die folgende Schreibaufgabe ist zunächst zu vergleichen mit der Arbeit eines Reporters oder Detektivs, der, auf den Fersen einer ganz wichtigen Person, alles notiert, was er wahrnehmen kann. Dann allerdings wird das Material literarisch verarbeitet.

Anleitung 1. Versuche, von einem normalen Wochentag möglichst viel von dem aufzuschreiben, was du erlebst (beim Aufstehen, Frühstück, auf dem Schulweg, in den Unterrichtsstunden, Pausen, am Nachmittag, …).

2. Setze inhaltliche Schwerpunkte, um die herum du eine Erzählung schreibst (z. B. mit einer erfundenen Hauptperson und einem/er Gegenspieler/in).

Versuche dabei, den Aufbau deiner Erzählung und den Schreibstil den inhaltlichen Akzenten anzupassen: Du hast z. B. begonnen, nach zeitlichen Gliederungspunkten einsträngig zu erzählen. Plötzlich schieben sich zwischen die Beobachtungen der Hauptperson ihre Gedanken und Empfindungen, Rückblenden und Vorausdeutungen.

Oder: Zeitraffend faßt du 4 Stunden im Telegrammstil zusammen, dann aber ist da eine wichtige halbe Minute, und du gestaltest entsprechend anschaulich.

Woche im Film

ab Jg. 10, 2er–6er Gr.

In einer Fernsehserie mit dem Titel „Leute heute" soll ein Film über eine typische Woche von Jugendlichen eures Alters gedreht werden. Ihr habt dabei die Möglichkeit, Inhalt, Regie- und Kameraführung zu beeinflussen.

Anleitung 1. Welche inhaltlichen Schwerpunkte wären euch wichtig?

Sammelt eure Vorstellungen zunächst möglichst offen, z. B. mit Hilfe der Methoden „Brainstorming" oder „Cluster" (s. S. 38 u. 35), und entwickelt sie dann weiter. Helfen können hierbei die Methoden „635" und „Ideenkette" (s. S. 39 u. 40).

2. Welche Szenen würden dazu passen?

Sammelt Möglichkeiten, sortiert und entscheidet euch schließlich für sieben Szenen, in denen eine typische Woche exemplarisch wiedergegeben werden soll. Haltet stichwortartig fest: Titel, Inhalt, Ort, Personen, …

3. Wählt eine besondere Szene aus, und seht sie „mit anderen Augen" an, d.h. mit denen der Filmleute.

Welche filmischen Mittel unterstützen die inhaltlichen Aspekte? Denkt dabei an verschiedene Perspektiven der Kamera (Normal-, Frosch-, Vogelperspektive), Einstellungsgrößen (Totale, Halbnah, Nah, Groß, Detail), Kamerabewegungen (Schwenk, Fahrt, Zoom), Filmgeschwindigkeit (z.B. Zeitlupe) und Hörbares (z.B. Musik).

Womit kann z.B. Hektik oder Ruhe unterstützt werden? Welche Perspektive hebt die Einsamkeit oder die bedrohliche Wirkung einer Person hervor?

Sprecht die Möglichkeiten durch, und haltet eure Entscheidungen in einer Tabelle fest.

Oberpunkte: Inhalt/beabsichtigte Wirkung/eingesetzte Mittel.

Wenn ihr eine Videokamera benutzen könnt und mehr Zeit zur Verfügung steht (z.B. in einer Projektwoche oder im Rahmen einer Semesterarbeit), können eure gedanklichen Vorarbeiten auch filmisch umgesetzt werden.

Merkwürdige Typen

ab Jg. 8, z.T. früher, E.

Wenn wir Personen als „merkwürdig" bezeichnen, bringen wir damit meistens abwertend zum Ausdruck, daß wir sie für „schrullig" oder „abartig" halten. Wir wundern uns über ihre „Macke", belächeln sie oder ärgern uns über ihr Verhalten – je nach dem, wie sie unser Leben berühren.

Die folgenden Schreibaufgaben regen an, sich mit „merkwürdigen Typen" genauer zu beschäftigen.

Sinn Wir wollen versuchen, hinter die äußere Fassade dieser Personen zu blicken, z.B. dadurch, daß wir probeweise ihre Perspektive übernehmen. Dabei können wir lernen, sie differenzierter zu sehen, sie leichter zu akzeptieren oder aber auch, sich mit ihnen besser auseinanderzusetzen. So gesehen, muß das negativ klingende Adjektiv „merkwürdig" neu bewertet werden. Es lohnt sich, (ist „würdig"), sich zu merken, was wir von Menschen, die anders sind als wir, lernen können.

Anleitung 1. Wähle eine Person aus deiner eigenen Umgebung, die nach deiner Einschätzung „merkwürdig" ist. Du kannst dir auch eine ausdenken oder eine von den folgenden auswählen (alle Beispiele sind jeweils männlich oder weiblich gedacht):
den besonders Vergeßlichen, Ängstlichen, Tollkühnen, Herrschsüchtigen, Meckerigen, Ungeduldigen, Gehetzten, Lahmen, Unpünktlichen, Überpünktlichen, Ordnungsfanatiker, „Schlamper", den eingebildeten Kranken, den Gesundheitsapostel, „Ökofreak", Dauersportler, Verschwender, Computer- oder Autobesessenen, Fernseh-Abhängigen, Werbung-Hörigen oder auch den Aussteiger.

2. Damit du der ausgesuchten Person näherkommst, versuche, sie zu zeichnen.

3. Versetze dich in die Person, und verfasse *aus ihrer Perspektive* Texte. Verwende dabei – wenn möglich – eine zu ihnen passende Sprache (Der Gehetzte wird z. B. kaum einen Satz zu Ende ...):

- Tagebucheintragungen über verschiedene erfreuliche oder leidvolle Erlebnisse,
- ein Selbstgespräch über ein besonderes Erlebnis (möglicher Anfang: „Wie soll ich diese Leute aushalten? Die wissen doch gar nicht ...“),
- einen tabellarischen oder ausgeführten Lebenslauf (Wer oder was hat die Person geprägt? Dem Typ entsprechend darf übertrieben werden.),
- eine Bewerbung, in der die Person ihre Eigenart als besonders wertvoll herausstellt. Wenn du willst, kannst du auch eine Antwort schreiben.

4. Stelle dir vor, daß dieser Mensch an einer für ihn typischen Krankheit oder an einem zu ihm passenden Unfall gestorben ist. Zu seinem Gedenken soll eine sogenannte *„Festschrift“* mit kurzen lobenden und kritischen Beiträgen zusammengestellt werden.

Es äußert sich z. B. eine Person, die in den letzten Tagen bei ihm war, seine Mutter, sein Vater, eine Grundschullehrerin, ein ehemaliger Freund oder eine Freundin, eine Nachbarin, ein Arbeitskollege, ein Gegner in einem Rechtsstreit, ein gleichgesonnenes Vereinsmitglied, ...

Wähle dir eine Person – oder mehrere –, und schreibe aus ihrer Perspektive (möglicher Anfang: „Er war ein Mensch, der ..., mit dem man ...“).

Duell-Texte

Hier stoßen Gegensätze aufeinander und werden aus verschiedenen Perspektiven kontrovers diskutiert.

Anleitung   Ihr könnt euch für eine von zwei Ausgangsmöglichkeiten entscheiden oder beide kombinieren.

A. Ausgehend von einem Ereignis (z. B. Einkauf, Unfall, Liebeserlebnis), einem Problem (z. B. Armut, Sucht, Autoverkehr) oder einem Pro und Contra-Thema.

B. Ausgehend von zwei gegensätzlichen Figuren. Beispiele: Bruder – Schwester, Er – Sie, Arbeitsloser – reicher Steuerzahler, Punker – Law and order-Mann, McDonalds-Fan – Öko-Freak, Egoist – sozial denkende Person, gedankenloser Konsument – Mensch aus der „Dritten Welt“, Mercedesfahrer – Radfahrerin, fühlender – rechnender Mensch, um Liebe werbende – Liebe ablehnende Person, Künstler –

Spießer, am Handeln interessierte Person – „Laberonkel“, zwei Seelen in deiner Brust oder die rechte und die linke Hirnhälfte.

1. Verabredet eine passende Situation, in der zwei gegensätzliche Figuren ein Gespräch führen. Legt fest, wer welche Rolle übernimmt. Dann beginnt jeder aus der Sicht seiner Figur, über den ersten Eindruck von dem Gegenüber zu schreiben. Nach ungefähr 8 Min. wechselt ihr die Blätter, und schreibt gegen den vorliegenden Text aus der Sicht eurer Figur. Nach weiteren 8 Min. kann erneut gewechselt werden.

Worüber ihr schreibt, ergibt sich aus dem, was die jeweilige Figur eurer Meinung nach denken, fühlen und tun könnte.

2. Schreibt einen Dialog aus einer Gerichtsszene (Sachlage klären lassen, Fragen stellen, Gegensätze aufzeigen, Begründungen geben, ...).

Linksbündig!

oder: *Satiren* zum „Öffentlichen Schriftverkehr"

Bewerbung und Lebenslauf, Reklamationsschreiben, Antrag, Beschwerde, Protokoll … Alles sehr wichtig und auch notwendig, daß es Lehrer/innen mit euch pflichtbewußt üben. Doch wer möchte nicht einmal all diese Normen des öffentlichen Schriftverkehrs wie Linksbündigkeit, Betrifft, Bezug, Anrede- und Grußformel und numerierte Anlagen zum Anlaß nehmen, sie satirisch zu verarbeiten?

Vorschläge
- Stelle dir eine konkrete Bewerbungssituation vor, und schreibe dazu eine satirische Bewerbung und/oder einen Lebenslauf, führe z.B. ungewöhnliche Fähigkeiten an.
- Stelle einen Antrag an die Schulkonferenz, einen aberwitzigen Schulversuch zu befürworten.
- Schreibe einen Beschwerdebrief an eine Institution.
- Schreibe an ein Versandhaus eine Reklamation über ein defektes Gerät.

Zwei Seiten einer Medaille

Anleitung
1. Wähle von den folgenden Wörtern fünf aus: Fernsehen, Lesen, Radfahren, Auto, Einkauf, Haustiere, Gruppe, Liebe, Unterricht, Fehler, Erfolg, Goldmedaille, Zoo, Zirkus (Leseempfehlung: „Auf der Galerie" von Franz Kafka), Politik, Ausländer, Deutschland, Freiheit.
2. Teile ein Blatt mit einem senkrechten Strich in zwei Hälften, und schreibe die ausgewählten Wörter mit großen Abständen untereinander auf die Mittellinie.
3. Schreibe nun in die linke Spalte zu jedem Wort möglichst viele positive Einfälle, in die rechte eher negative Assoziationen.
4. Konzentriere dich auf ein Thema, und schreibe einen Text, in dem beide Seiten erkennbar sind.
Mögliche Texte: • eine Erlebniserzählung, • ein Dialog, in dem zwei Figuren ihre Meinung austauschen, • ein „Geländer-Gedicht" (s. S. 58).

Haß-Liebe

Hier geht es nicht um Gegensätze, die sich ausschließen, sondern um die *Spannung* zwischen zwei *Polen* einer Sache. Beispiele: Haßliebe, grausame Fürsorge, tödliche Liebe, kaltes Zuhause, erlösende Tränen, entfremdetes Leben, lebendig begraben, verkalkter Jugendlicher, krankhaft sportlich, jugendliche Greisin, lebenvernichtendes Wachstum, rückschrittlicher Fortschritt, vernünftiger Wahnsinn, hilflose Helfer, süßer Abschied.
Bei dieser Aufgabe bietet es sich an, zu zweit zu arbeiten.

Anleitung
1. Sucht euch zunächst aus den oben genannten Beispielen ein Thema aus. Ihr könnt natürlich auch ein eigenes wählen.
Nach Absprache, wer welche der beiden Seiten behandeln will, schreibt jeder unabhängig vom anderen einen eigenen Text (z.B. zu Haßliebe über Haß oder Liebe). Zur Vorbereitung evtl. ein Cluster anfertigen.
2. Vergleicht anschließend eure Ergebnisse, und montiert mit Schere und Klebstoff einen gemeinsamen Text. Sprachliche Änderungen einzelner Teile sind erlaubt.
Ziel sollte dabei sein, die Spannung zwischen den Teilen, das Ineinander-Verflochtensein zu zeigen.

Stadt-Akrostichon

Das griechische Wort „akrostichon" bedeutet „erster Buchstabe eines Verses" und bezeichnet eine besondere Gedichtform, bei der die *Anfangsbuchstaben* der einzelnen Zeilen aneinandergereiht *ein Wort* oder z.B. den Namen der Person ergeben, für die das Gedicht geschrieben worden ist.
(Geschenktip nebenbei: Schreibe ein Gedicht nach diesem Muster für deine/n Freund/in.)
Erschließe dir mit diesem Verfahren deinen Wohnort. Ob dabei ein Lobgesang oder eher ein Abgesang herauskommt, hängt von deinen Eindrücken und Bewertungen ab.

Anleitung
1. Schreibe die Buchstaben der Stadt oder des Dorfes an den linken Rand eines leeren Blattes in Blockbuchstaben senkrecht untereinander. (Wenn du willst, mit passenden Illustrationen.)
2. Schreibe neben jeden Buchstaben, ohne lange nachzudenken, möglichst viele Wörter, die mit diesem Buchstaben anfangen (Alliteration). Auch solche Wörter, die auf den ersten Blick nichts mit deiner Stadt zu tun haben.
3. Schreibe ein Akrostichon-Gedicht, indem du zu jedem Buchstaben einen Satz mit möglichst vielen gleichanlautenden Wörtern bildest.

Botschaft für deine Stadt

Stelle dir vor, du könntest in deiner Stadt an einem großen Gebäude weit sichtbar eine kurze wichtige Botschaft veröffentlichen.
Was würdest du schreiben? Vielleicht einen Appell? Wohin würdest du deine Botschaft am liebsten schreiben?

Schreib-vorschläge
1. Erfinde eine Geschichte, in der deutlich wird, wie du es – evtl. mit anderen zusammen – trotz mehrerer Schwierigkeiten schaffst, deine Ideen zu verwirklichen.
2. Schreibe einen Dialog mit einem zögernden Freund. Versuche, ihn zu überzeugen, warum diese Aktion wichtig ist.

Du und deine Welt?

Anleitung
1. Suche die passende Überschrift:
● Du und deine Welt ● Brot für die Welt ● Chemie im Essen ● Trautes Heim – Glück allein ● Das 1x1 der richtigen Ernährung ● Öffentlicher und privater Haushalt ● Schöner wohnen ● Die gegenwärtige Weltlage ist dazu angetan, mir den Appetit/nicht/zu verderben (Unzutreffendes bitte streichen!) ● Der Mensch lebt

nicht vom Brot allein • Genuß ohne/mit Reue (Zutreffendes bitte unterstreichen!)
• Essen und Trinken hält Leib und Seele zusammen.
2. Erfinde mögliche Sprechblasen des Jungen.
3. (ab Jg. 8) Schreibe eine Satire über die „Sorgen" dieses Jungen.
4. (ab Jg. 8, Gr.) Informiert euch über Hilfsorganisationen, z.B. „Brot für die Welt",
und überlegt euch, wie ihr euch schreibend engagieren könnt.
Vorschläge siehe „Stelltafeln" (s. S. 129).

Probleme

ab Jg. 9, E. oder 2er–6er Gr.

Es gibt Leute, die nehmen Probleme nicht wahr – auch wenn ihnen schon das Messer im Rücken steckt. Ihr gehört – hoffentlich – nicht dazu!
Schreibt in der 6er Gruppe möglichst viele Probleme auf, die euch im letzten Jahr Sorgen gemacht haben oder die in den Medien mehrfach angesprochen worden sind (z.B. aus den Bereichen: Jugendliche–Erwachsene, Schule, Krieg, Armut).
Sprecht anschließend darüber.
Wenn du von einem Problem wirklich betroffen bist, verschlägt es dir vielleicht die Sprache.

Reaktionsmöglichkeiten
Es kann aber auch gut sein, daß dich Frust oder Wut dazu veranlassen, einfach *wild drauflos* zu schreiben. Dafür bietet sich das „Automatische Schreiben" an (s. S. 34), denn ordnende Schreibweisen würden hier die befreiende Wirkung verhindern.
Wenn du dagegen nicht für dich schreiben willst, sondern deine Betroffenheit Verantwortungsgefühl weckt, dann gibt es verschiedene *engagierte Schreibweisen*, die helfen können, das Problem öffentlich zu machen.
Dabei solltest du, damit die Kommunikation gelingt, folgende Aspekte berücksichtigen: • den Ort der Veröffentlichung (z.B. Stadtteilzeitung), • die Adressaten (z.B. uninformierte Durchschnittsleser), • die Komposition deines Textes und • die sprachlichen Mittel.

Schreibvorschläge
E. oder 2er Gr.
1. Erstellt nach eigenen Nachforschungen (Recherchen) eine Dokumentation mit genauen Fakten (Veröffentlichung evtl. als Wandzeitung in der Pausenhalle).
2. Entwerft für ein Interview mit einem Menschen, der für ein Problem verantwortlich ist, eine Reihe gezielter (bohrender!) Fragen.

Publikumsbeschimpfung

ab Jg. 9, E.

Anregung: Peter Handke
Hier gibt es Gelegenheit, Frust und Ärger in einer Rede loszuwerden. Überlege dir, wo sie gehalten werden soll und gegen wen. Vor einer Schüler-Gruppe? Auf einer Lehrerkonferenz? Im Supermarkt?
Welche Form erscheint dir sinnvoller, eine durchdachte, z.B. nach dem Muster des „rhetorischen Fünfsatzes" (s. S. 66) oder eine „wilde", bei der die Sätze ungeordnet und z.T. unvollständig hervorgesprudelt werden?

Umwelt gestalten

ab Jg. 8, 6er Gr. oder E.

Anleitung 1. Zeichne zur Vorbereitung auf einem Hochformat-Papier (mindestens DIN A4) die 15 Buchstaben der Überschrift in Großformat von oben nach unten an den linken Rand. Zwischen den beiden Wörtern soll ein deutlicher Abstand sein.
2. Schreibe neben die großen Buchstaben möglichst viele Wörter (oder Sätze), die mit dem selben Buchstaben anfangen.
Die Beiträge zu UMWELT sollen eher düsteren Charakter haben, im Gegensatz dazu die zu GESTALTEN eher optimistisch aktivierend wirken. Graphische Elemente und auch Farben können/sollten die Aussagen unterstützen.
3. Lest in der Gruppe reihum jeweils zu einem Buchstaben vor, was jeder aufgeschrieben hat. Interessante Einfälle anderer dürfen für die eigene Sammlung übernommen werden. Sprecht auch über eure Assoziationen.

Textvorschlag Nutze die gesammelten Einfälle für die Herstellung eines Gedichts. Dieses soll inhaltlich und formal durch die gleichen Gesichtspunkte bestimmt werden wie die vorherige Sammlung der Einfälle, also durch die Fülle (viele verschiedene Gesichtspunkte und Wörter mit gleichem Anlaut) und den Gegensatz (düster – optimistisch, aktiv).

Alltag in der Zukunft

ab Jg. 6, E.

Niemand weiß, wie es in etwa 50 Jahren aussehen wird, aber in der Phantasie haben wir unsere Vorstellungen und Bilder. Suche dir einen Schwerpunkt, über den du schreiben möchtest. Was hältst du von folgenden Vorschlägen?
- Ausgehend von einer bestimmten Person: z.B. Wohnung, typischer Tagesablauf, Arbeit, Freizeit, ein Stadtbummel, ein Spaziergang durch die Natur, ein typischer Urlaub, ...
- Ausgehend von gesellschaftlichen Erscheinungen: z.B. Familienbeziehungen, Freundschafts- bzw. Liebesbeziehungen, Wohnen, Ernährung, Schulen, Sport, Medien, Forschung, Energieversorgung, Verkehr, Politik, ...
- Ausgehend von Gegensätzen – nach dem Muster: Es ist alles so aktiv oder passiv, gesund oder ungesund, gesellig oder vereinsamt, sauber oder dreckig, sorgenfrei oder besorgniserregend, ...

Schreib- Stelle dir vor, du kommst mit Hilfe einer Zeitmaschine in die Zukunft, siehst,
vorschläge staunst oder bist betroffen und schreibst als Augenzeuge.
Überlege dir, für wen du schreibst, z.B. deine Freundin, eine Tageszeitung, eine/n Politiker/in, und was du mit deinem Text erreichen willst.

Meldung und Meinung

ab Jg. 8, E.

Stelle dir mögliche aufsehenerregende Ereignisse in der Zukunft vor, und schreibe dazu kurze Meldungen für die BALD-Zeitung.
Zum Beispiel: neuer Weltrekord einer Elfjährigen mit Hilfe von Doping, riesige Unterhaltungsveranstaltung für alle Bewohner einer Stadt, sensationelle Entdeckungen, Stromausfall in einer Großstadt, Reaktorunfall, Auswirkungen der Klimaveränderung, ...

Oder: erste Beschlüsse der neuen Regierung, die nur aus Kindern und Jugendlichen gebildet ist, Sieg der Natur über den Autoverkehr, neue Entdeckungen/Maßnahmen zur Bekämpfung des Hungers in der Welt, …

Schreibe anschließend Kommentare aus der Sicht verschiedener Personen: z.B. aus der Perspektive männlicher oder weiblicher Schüler, Großeltern, Psychologen, Zweifler, Übertreiber, Besserwisser, Sektenführer, Spötter, …

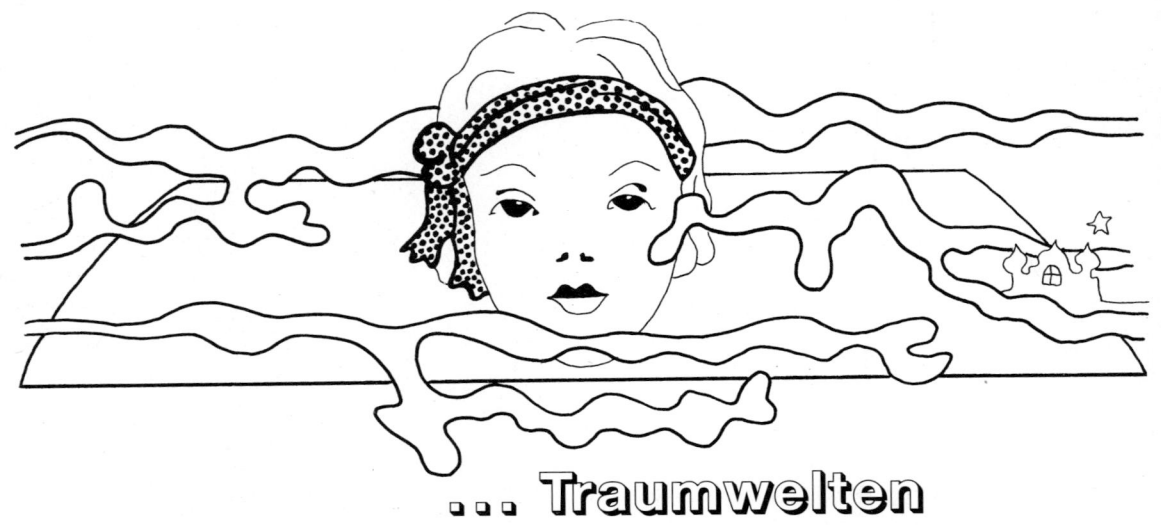

... Traumwelten

„Träum' nicht, paß auf!" hörte sie von ferne und spürte auf einmal wieder den harten Schulstuhl unter sich. Träumen war hier nicht gefragt. Das wußte sie. Sie wußte aber auch, wie wichtig Träumen für ihr Leben war.

In einer Befragung über die Funktion des Träumens gaben Jugendliche folgende Antworten: „Wenn ein Tag mal nicht so gut gelaufen ist, dann flüchte ich in irgendwelche tollen Träume." (Mädchen, 15 J.) „Bin eingesperrt in diesen Raum und träume meinen eigenen Traum." (Junge, 15 J.) „Wir müssen uns das Paradies erträumen, damit wir nicht ganz sein Bild aus den Augen verlieren." (Mädchen, 18 J.) „Die Ereignisse zählen, nicht die Träume, doch träumen ist so schön, ohne Traum kein Mensch." (Junge, 20 J.)

Träumen wird nicht nur als Flucht aus dem Alltag mit all seinen Zwängen und Problemen gesehen, sondern als eine Hilfe, eigene Lebensperspektiven zu entwickeln. Und darum ist Träumen notwendig!

Wenn die Schreibenden sich auf spielerische Art ihren Träumen nähern, dann wird sichtbar, was sie wünschen, ersehnen, erhoffen, aber auch, was sie entbehren und wovor sie sich ängstigen.

Luftschloß

ab Jg. 5, E.

Anleitung 1. Zeichne mit vielen Einzelheiten die Vorderansicht oder Grundrisse von verschiedenen Etagen eines „Luftschlosses", in dem Kinder fast alle Wünsche erfüllt bekommen.

2. Schreibe deinem/er Freund/in in einem Brief, was bei einem Rundgang durch dein Luftschloß alles zu sehen ist und was Kinder in den verschiedenen Räumen alles tun können.

Schreibe so verlockend, daß er/sie dich bald besuchen möchte.

Schlaraffenland

ab Jg. 5, E.

Wie sieht dein Schlaraffenland aus? Was gibt es dort, was du hier nicht hast oder erlebst? Was fehlt dort glücklicherweise?

Beschreibe einen Tagesablauf, der deine Leser/innen so richtig neidisch macht.

Schatzinsel

ab Jg. 5, E.

Hier kannst du von einem Abenteuer träumen.

Anleitung
1. Stelle dir vor, ihr habt zu dritt durch Zufall die Landkarte von einer kleinen einsamen Insel mit einem verborgenen Schatz gefunden. Am dritten Tag eurer Erkundung erlebt ihr eine unangenehme Überraschung: „Was ist das da vorne?" fragte Eva ganz leise …"
Schreibe die Abenteuergeschichte weiter: Was entdeckt ihr „da vorne"? Was empfindet ihr? Welche Schwierigkeiten entstehen? Was tut ihr dagegen? Wie endet die Geschichte?
2. Wenn du diesen Hauptteil der Geschichte fertig hast, kannst du den oben skizzierten Anfang eures Abenteuers und eine Überschrift ergänzen. Versuche dabei, deine Leser/innen neugierig zu machen (z.B. Zeitabläufe „raffen", geheimnisvolle Andeutungen und Fragen ohne Antworten einsetzen).
3. Zeichne für deine Leser/innen die Landkarte. Damit sie noch echter aussieht, kannst du sie vorsichtig (!) an den Rändern anzünden und etwas zerknittern.

Zu Bildern träumen

ab Jg. 5, E.

Bei diesem Vorschlag wollen wir unser Tag-Träumen durch Bilder beflügeln lassen, die uns an etwas „Traumhaftes" erinnern oder uns die Erfüllung von Wünschen versprechen (z.B. Insel-Darstellungen).
Bringt also Bilder mit (z.B. Kunstpostkarten oder Fotos aus Prospekten oder Illustrierten).

Träum-Vorschläge
1. Alle Bilder werden in der Gruppe angesehen. Zur Vergrößerung der Auswahl: Die Bilder der ganzen Klasse werden gut sichtbar – z.B. mit Klammern an einer Leine – aufgehängt. Anschließend wählt sich jeder ein Bild aus, das ihn im Moment am meisten interessiert.
2. Schreibe nach der Methode „Automatisches Schreiben" (s. S. 34) etwa 5 Min. alle Gedanken und Gefühle auf, die dir beim Betrachten des Bildes kommen.
3. Anschließend werden die ausgewählten Bilder in der Gruppe vorgestellt und entweder die Auswahl mündlich begründet oder – wenn das Vertrauensverhältnis gut ist – die Ergebnisse des „Automatischen Schreibens" vorgelesen.
4. Im Anschluß an die individuelle Vorstellung können die Gruppenmitglieder jeweils eigene Assoziationen ergänzen und *Vorschläge für eine Textverarbeitung* zum Oberthema ‚Traumhaft' machen: z.B. zum Bild passende Personen nennen, eine konkrete Situation vorschlagen oder auch einzelne Sätze oder erfundene „Traumwörter" (z.B. Grasharfenklänge).
Dies kann mündlich erfolgen oder besser – aber auch zeitaufwendiger – schriftlich. Dafür die Bilder mit angeheftetem Zettel in der Runde kreisen lassen.
5. Für die Textgestaltung gibt es zwei Möglichkeiten: entweder in Ruhe zu Hause einen Text schreiben oder mit 20 Min. Zeitbegrenzung und anschließender Überarbeitung nach Vorschlägen der Gruppe.

Tips zur Wahl der Textgattung: Wenn du vor allem vorhast, Geschehen oder innere und äußere Spannung darzustellen, wird sich ein *erzählender* Text anbieten.

Soll der direkte Gedankenaustausch verschiedener Personen im Mittelpunkt stehen, wirst du die *dialogische* Form wie beim Hörspiel bevorzugen.

Und wenn Gedanken, Gefühle und Stimmungen einer Einzelperson ausgedrückt werden sollen, dann wählst du am besten die *lyrische* Form. Hier wird am meisten von den Lesern erwartet – auch von dir als Schreiber/in –, weil nicht alles ausgeführt wird, worum es geht. Bilder, Verschlüsselungen, Verdichtungen sollen eigenes Denken und Einfühlen anstoßen.

Pippi L., Popeye und ...

ab Jg. 5, E.

Pippi Langstrumpf kann Pferde tragen, He-man hat „die Macht" und wenn Popeye Spinat gegessen hat, dann kann er ...

Nur für dich gelten leider immer noch die normalen Meßlatten. In deinen Träumen aber hast auch du ungeahnte Kräfte und bist unbezwingbar.

Versetze dich tagträumend in eine Person, die alles kann, und schreibe aus der Ich-Perspektive über ihre Erlebnisse. Gehe aus von schwierigen Situationen oder Problemen und zeige, wie sie diese bewältigt. Versuche dabei, das Drumherum (Ort, Zeit, andere Personen, die Schwierigkeit) möglichst wirklichkeitsnah zu schildern, dann wirkt auch die erträumte Stärke „wie in echt".

Schreib-vorschläge
Schreibe z.B. • eine Erlebniserzählung (möglicher Anfang: „Als ich am letzten Sonntag ...") oder • eine Reihe von Erfolgsmeldungen in der Form von Tagebucheintragungen („Montag, 19. 07. 93: Wieder einmal versuchte der Dicke von nebenan ..., aber ich ...").

Allein gegen die Mafia

ab Jg. 8, E.

Wer wäre nicht gerne heldenhaft siegreich im Kampf gegen das Verbrechen? Erpressung, Drogenhandel, Waffenschmuggel, Bandenkämpfe, Gewalt gegen Schwächere, nicht zuletzt Umweltverbrechen ... Kein Tag ohne Horrormeldung! Die Polizei scheint überfordert. Was ist zu tun? In der Vergangenheit haben „edle Räuber" wie Karl Moor (Schiller), Robin Hood oder „Zorro, der Rächer der Enterbten" gegen das Unrecht gekämpft. Die „Helden" sehen heute anders aus, aber ihr Handeln wird nach wie vor bewundert. Dafür sprechen die Erfolge von Serien in der Trivialliteratur, im Fernsehen und im Kino oder in der Wirklichkeit die weltweite Beachtung mutiger Einsätze von Umweltschützern.

Schreibvorschlag
Welche Verbrechen stoßen dich am meisten ab? Stelle dir eine konkrete Situation vor (Ort, Zeit, Täter, Opfer), und schreibe aus der subjektiven Augenzeugenperspektive (Ich-Form) eines Helden oder einer Heldin darüber, wie er/sie rücksichtslose brutale Gegner besiegt.

Bei der Darstellung kannst du mit gängigen Klischees spielen, solltest darüber hinaus aber versuchen, auch die Gedanken und die Gefühle deines „Helden" zu zeigen.

Rollentausch

ab Jg. 7, E.

Stelle dir vor, du könntest mit Personen deiner näheren Umgebung (z. B. Eltern, Freund/in, Lehrer/in) die Rolle tauschen. Was würdest du an ihrer Stelle tun?

Textvorschlag Realistisch oder satirisch übertriebene Erzählung oder Beschreibung des Tagesablaufs.

Traum-Leben (?)

ab Jg. 7, E.

Verwandle dich in eine Person aus der sogenannten „high society" (Stars aus der Welt des Films, des Fernsehens, der Musik, des Sports, der Wissenschaft, der Raumfahrt, der Politik, der Phantasie-Rekorde oder aus der Phantasie-Welt der Literatur).

Schreib-vorschläge 1. Entwirf die Ankündigung eines Auftritts (Handzettel, Plakat o. ä., siehe auch die Anregungen in der Übung „Alltag phantasiert", S. 95).
2. Schreibe schwärmend oder satirisch kritisch über einen Tagesablauf aus der Ich-Perspektive oder der Sicht einer beobachtenden Person.
3. Stelle die Probleme des Stars aus seiner Ich-Perspektive dar. Was muß er/sie tun, um „in" zu bleiben? Was denkt und fühlt er/sie dabei?

„Abhauen!"

ab Jg. 7, E. oder 6er Gr.

Anleitung 1. Schreibe diesen Gedanken eines Jugendlichen in die Mitte eines quergelegten Blattes, und umkreise das Wort. Halte dann nach der Methode „Cluster" (s. S. 35) alles fest, was dir dazu einfällt.
2. Die fertigen Cluster werden in der Gruppe herumgereicht und still gelesen. Wenn du dein Blatt zurückerhalten hast, kannst du es durch Einfälle, die du bei den Gruppenmitgliedern gelesen hast, ergänzen.
3. Besprecht in einer anschließenden Gesprächsrunde eure Ergebnisse:
• Was ist euch aufgefallen?
• Welche Punkte sind mehrfach angesprochen worden? Unterstreicht sie, und überlegt euch, wie das zu erklären ist.
4. Versetze dich in die Lage eines Schülers oder einer Schülerin, der/die es zu Hause nicht mehr ausgehalten hat. Schreibe aus der Ich-Perspektive einen Brief an die Eltern, die viel dazu beigetragen haben, daß es zu der Flucht gekommen ist.
Alternative: Du schreibst den Brief aus der Sicht eines/einer gleichaltrigen Freundes/in (mögliche Grundtöne des Briefes: sachlich informierend, appellierend, Trauer oder Wut ausdrückend – oder von allem etwas).
5. Schreibe einen Brief aus der Sicht eines betroffenen Elternteils an einen erwachsenen Freund oder eine Freundin (Was steht diesmal im Vordergrund? Fragen, Selbstvorwürfe, Rechtfertigungen? Oder ähnliches wie in dem Brief des/der Jugendlichen?).

„Wenn ich doch bloß …!"

„Wann räumst du endlich mal wieder auf?" „Mach' die Musik leiser!" „Warum kommst du jetzt erst nach Hause?" „Was war das für ein Freund?" Du kennst diese und ähnliche „Dauerbrenner" und auch den Stoßseufzer: „Wenn ich doch bloß erst eine eigene Wohnung hätte!"

Anleitung

1. Beginne zur Einstimmung mit einer Zeichnung.
Tip: Zeichne nicht zuerst mit einem Lineal die Umrisse, sondern beginne mit deinem Lieblingsplatz, und zeichne dann drumherum, was du dir alles wünschst. Erprobe runde organische Formen, denn sie wirken natürlicher als gerade Linien und rechte Winkel.
2. Suche dir mit Hilfe einer Landkarte und eines Stadtplans deine Wunschadresse, und schreibe deiner Freundin einen schwärmerischen Brief. Darin kannst du ihr darstellen, wie du deine Traum-Wohnung eingerichtet hast, was du in der ersten Wohn-Woche erlebt hast und was du noch planst.
3. Stelle dir vor, du bist von zu Hause im Streit ausgezogen. Nach etwa vier Wochen in der neuen Wohnung – denkbar ist auch eine Wohngemeinschaft – schreibst du deinen Eltern einen Brief. Versuche darin, sie davon zu überzeugen, daß dein Entschluß auszuziehen für deine Entwicklung und eure Beziehung zueinander von Vorteil ist. Gehe auch auf ihre Bedenken ein.
Variation oder Training für den „Ernstfall": Schreibe einen ähnlichen Brief mit der selben Zielrichtung *vor* dem erwünschten Auszug.

Traumorte

Raus aus dem Hier und Jetzt! Weg von Asphalt, Beton, Leitlinien, rechten Winkeln, 45-Minunten-Takten, …
Hin zu …? Ich kenne deinen Fluchtraum nicht. Ist es ● die vielzitierte Südseeinsel, ● eine Traumvilla an einem Schweizer Bergsee mit allem denkbaren Luxus, ● ein einsames Blockhaus in Kanada oder ● eine Raumstation im Weltall?
Vielleicht sieht dein Traumort auch ganz anders aus.

Du kannst dir auch auf folgendem Weg einen völlig neuen Traumort suchen:
Wähle im Register deines Atlasses Ortsnamen aus, deren Klang dich verlockt (z.B. Kandestederne oder San Fernando de Apure oder Kardamili …). Wenn du willst, kannst du dir mit Hilfe des Lexikons oder Reisebüros Informationen zu diesem Ort besorgen. Du kannst dir aber auch den Ort in deiner Phantasie ausmalen.

Schreib-
vorschläge

Fertige ein „Cluster" (s. S. 35) zu deinem Traumort an, oder erschließe mit Hilfe der Methode „Automatisches Schreiben" (s. S. 34) deine Vorstellungen von diesem Ort. Weitere Verarbeitungsmöglichkeiten: • ein Gedicht (s. S. 58 ff.), • ein „Stimmungsbild".

Weltreise zu zweit

ab Jg. 8, E. oder 2er Gr.

Stell' dir vor, du hast die Schule hinter dir, ein „Sponsor" hat dich entdeckt und finanziert dir und einer zweiten Person eine Weltreise.

(Wenn du lieber allein arbeitest, kannst du dir die Begleitperson ausdenken. Wenn du es bevorzugst, in einer 2er Gruppe zu phantasieren, ist das gewählte Gruppenmitglied zugleich Reisepartner/in.)

Fahrzeuge werden gestellt. Wie wär's mit zwei High-Tech-Mountain-Bikes oder mit zwei Kawasakis KLR 250 uni cross oder einem Suzuki-Jeep? Ihr könnt selbstverständlich auch bequemer mit öffentlichen Verkehrsmitteln reisen.

Wenn euch nicht klar ist, wohin ihr eigentlich schon immer 'mal wolltet, solltet ihr eine Buchhandlung oder Bibliothek aufsuchen und in der Ecke „Reiseliteratur" stöbern. Manchmal verlocken schon die Titel oder der Name des Autors, z.B. „Ich radle um die Welt", „Kreuz und quer durch Indien/Mit dem Motorrad unterwegs"; Rüdiger Nehberg oder Reinhold Messner. Einzige Bedingung des Sponsors für die Reise: Ihr müßt mindestens zwei Texte abliefern. Ist das ein Angebot?

Schreib-
vorschläge

• Ein „Cluster" (s. S. 35) zum Thema „Weltreise", • ein Bericht über die Planung, • Tagebuchauszüge mit persönlichen Eindrücken, • ein Gedicht mit einer Reihung von Bildern, • eine Begegnung in Gesprächsform, • eine Erzählung über ein besonderes Ereignis, z.B. eine Enttäuschung oder ein Erfolg, • die Texte ergänzende Illustrationen und Skizzen über die Reiseroute.

Unternehmen ΣΟΦΙΑ

Hier könnt ihr von einem gemeinsamen Projekt träumen, für dessen Verwirklichung Herz, Hand und Verstand gebraucht werden.

Auf der griechischen Insel Naxos liegt etwa 120 m neben dem Anleger für Touristenfähren ein ausgedientes Fischerboot: 14 m lang, 6 m breit, ein Mast, Dieselmotor, großer Stauraum für etwa 15 Personen. Am Mast hängen Reste eines Surfbrettes, daneben liegt auf einem Haufen grüner Netze eine angerostete gelbe Tauchflasche.

Was dieses Boot schon alles erlebt hat, läßt sich nur ahnen. Wie seine und die Zukunft eures Teams aussieht, habt ihr in der Hand. Die – leider nur erfundene – Stiftung: „Jugend geht eigene Wege" hat für das Team, das die besten Ideen entwickelt und sie durch Texte veranschaulicht, 30.000,– DM Startgeld bereitgestellt.

Vorgehens-
vorschlag

1. Sammelt möglichst viele Ideen (Hilfen: „Brainstorming", s. S. 38 oder „Methode 635", s. S. 39).

2. Führt die Ideen, die mehrere gut finden, weiter aus. („Ideenkette" für Gruppenarbeit, „Cluster", s. S. 35 oder „Mind-Mapping", s. S. 37 für Einzelarbeit)

3. Konzentriert euch jeder auf einen Punkt, und schreibt einen Text. (Vorschläge: „Weltreise zu zweit", s. S. 113 und „Traumorte", s. S. 112)

4. Organisiert einen Wettbewerb. Dafür wird aus jeder Gruppe ein Mitglied für die Jury gewählt, die zusammen mit dem Lehrer oder der Lehrerin die Beurteilungsgesichtspunkte erarbeitet und entscheidet, welches Team am überzeugendsten geschrieben hat.

Belohnt werden sollten alle aktiv Kreativen – also auch die 2., 3., und 4. Sieger – durch Urkunden und ein gemeinsames „Bordfest".

„Erst wenn
der letzte Baum gerodet
der letzte Fluß vergiftet
der letzte Fisch gefangen
werdet Ihr feststellen
daß man Geld
nicht essen kann!"

Profitgeier oder „Sun Bear"

Hier geht es um Träume von einem alternativen Leben. Du kennst sicher den tausendfach verbreiteten Aufkleber mit der Prophezeihung der Cree-Indianer. Auf dem ist zusammengefaßt, was immer mehr Jugendlichen – und auch Erwachsenen – „aus dem Herzen" spricht. Rechtzeitig zu erkennen, was falsch war und ist, kann heilsam sein, denn eine *Ent*-Täuschung macht frei von einer Täuschung. Dadurch wird Energie frei für die Suche nach Alternativen.

E. oder 2er Gr.

1. Stelle dir vor, eine erfundene männliche oder weibliche Person aus Mitteleuropa hat es – wie damals Robinson – in eine bisher unbekannte Welt verschlagen. Hier kommt sie in unerwartete Konfliktsituationen, weil all das, was zu Hause wichtig war, hier keine Rolle spielt oder anders bewertet wird: Geld, Zeitdruck, Egoismus, Konkurrenzkampf, Privatbesitz, Luxus, Verschwendung, Technik, Ausbeutung der Natur, ... Erfinde zu dieser Figur z.B. einen/e Indianer/in, der/die ihr hilft, *neue Denk- und Verhaltensmuster* zu verstehen.

Mögliche Schwerpunkte: • Miteinander statt Gegeneinander, • Teilen statt Besitzenwollen, • Bedeutung der Tiere, Pflanzen und Steine, ... (Leseempfehlung: Michael Tournier: „Freitag oder im Schloß des Pazifik", Anna Jürgen: „Blauvogel" und „Der Papalagi").

Textvorschläge: Erlebniserzählung, Tagebuchnotizen (Ich-Perspektive) oder Gespräche am Lagerfeuer.

2. Überlegt zu zweit, wie ihr euch euer Leben an einer Biegung eines Flusses im Urwald oder in Kanada einrichten wollt. Ideensammlung gemeinsam mit der Methode „Brainstorming", S. 38 oder getrennt mit je einem „Cluster", S. 35. Schreibt danach gemeinsam oder arbeitsteilig über Pläne, Freud und Leid, ...

3. Informiere dich über alternative Weltanschauungen (z.B. die des indianischen Medizinmannes „Sun Bear": „Der Pfad der Kraft"), und schreibe einen Text, evtl. mit Bildern für eine Wandzeitung in der Pausenhalle oder für die Schülerzeitung. Darin sollten drei Aspekte deutlich werden:

• Die Information über Neues, • der Ausdruck deiner persönlichen Empfindungen, • Appelle an die Leser/innen, wie sie denken, fühlen und handeln sollten.

Zeitmaschine und Raumschiff

ab Jg. 8, E. oder Gr.

Manche Träume reichen über diese Welt hinaus: Mit der Zeitmaschine voraus oder zurück in vergangene Welten, in denen alles anders ist als hier. Oder mit Raumschiffen hinaus und hinauf zu Planeten im Weltall, zu den berühmten kleinen „grünen Männchen" oder auch „Unwesen", die angeblich die Menschheit bedrohen.

Vorschläge

Alle diejenigen, die in die skizzierten Traumwelten schreibend eintauchen wollen, setzen sich zusammen und überlegen gemeinsam eine oder mehrere Schreibaufgaben zur Auswahl (Tip: Möglichst über konkrete Ausschnitte, z.B. ein besonderes Ereignis schreiben).

Ältere Schüler (etwa ab Jg. 9) sollten versuchen, gängige Klischees aus Fantasy- und Science-fiction-Romanen durch Übertreibungen zu karikieren.

Mehr Zeit oder Geld ...

ab Jg. 6, E.

... das möchte wohl jeder haben. Aber was täte er dann damit?

Anleitung

1. Sammle unter der Überschrift „Wenn ich mehr Zeit oder mehr Geld hätte, würde ich ..." stichwortartig möglichst viele Einfälle. Dabei kannst du auch ganz Unmögliches festhalten. Du solltest aber auch solche Tagträume aufschreiben, die du gerne verwirklicht hättest.

2. Schreibe allein (oder zu zweit) über einen der Tagträume eine Geschichte oder ein Gedicht.

Bestseller-Autor/in

Stelle dir vor, du wärst berühmt, hättest als Schriftsteller/in genügend Hilfskräfte und könntest mehrere Bücher verfassen.

Anleitung

1. Erstelle zunächst eine Liste mit Themen, die dich interessieren. Vielleicht fallen dir auch schon Titel ein.

2. Schreibe einen Brief an deinen Verlag. Biete ihm darin deine Vorstellungen an. Suche dir mindestens drei Gruppenmitglieder aus, und bitte sie um eine Antwort.

3. Die Verlags-Antworten sollten kurze Stellungnahmen zu den Vorschlägen, eventuelle Wünsche zur Ausgestaltung und Angaben darüber enthalten, welches Thema zuerst bearbeitet werden sollte.

4. Sichte die Antworten, und entscheide dich für das Buch, das du am liebsten schreiben möchtest.

Entwirf dafür: • einen werbenden sogenannten „Klappentext" mit kurzer Inhaltsangabe, die neugierig macht, aber keine Geheimnisse verrät, • ein Inhaltsverzeichnis und evtl. schon das • Anfangskapitel (oder ein anderes), • Wünsche an den Verlag über die Ausgestaltung deines Lieblingsbuches, z.B. Angaben über das Format, Illustrationen, Titel, Untertitel, Titelblatt, …

5. Wenn ihr wollt, kann der Briefwechsel mit dem Verlag fortgesetzt werden.

Kinder an die Macht!

Anleitung

1. Überlegt euch in der Gruppe, wie ihr eure konkrete Umwelt (Straße, Schule, Stadtteil, Stadt, Land, …) kindgerechter umgestalten würdet, wenn ihr genügend Einfluß und Mittel hättet. (Die Umgestaltung für Jugendliche soll mit einbezogen werden.)

2. Beratet die Antworten zu folgenden Fragen: Welche Schritte müßten unternommen werden, um das Ziel zu erreichen? Wer müßte wo anfangen? Welche Schwierigkeiten sind zu erwarten?

Verteilt die Aufgaben, und schreibt einzeln oder zu zweit darüber.

3. Weitere Möglichkeiten: • ein werbender Artikel für die Leser/innen einer Zeitung, die eure Interessen teilen könnten, • ein offizieller Brief an Politiker oder mögliche Geldgeber (Sponsoren), • eine Dokumentation eurer Pläne und der ersten Schritte (Vorschläge s. „Stelltafeln", S. 129).

Mein/dein Steckbrief im Jahre 2020

Anleitung

1. Entwerft in der Klasse Stichwörter für einen Steckbrief, der die Lebenssituation von Personen möglichst genau erfaßt (z.B. Arbeit, Hobbys, …).

2. Fülle nach diesen Stichwörtern deinen Steckbrief für das Jahr 2020 aus. Nicht nur Stichwörter, sondern auch kurze Beschreibungen! Ist erfaßt, was du bist, tust, hast, denkst, fühlst?

3. Fülle den Steckbrief deiner Freundin/deines Freundes oder deiner Lehrerin/deines Lehrers aus.

Auswertung: Sprecht nach dem Vorlesen in kleinen Gruppen über das, worauf ihr euch freut bzw. über das, was euch Sorgen macht.

Zukunfts-Land-Karte

Hier werden nach der Methode „Mind Mapping", s. S. 37 Vorstellungen von der Zukunft wie auf einer Landkarte festgehalten und anschließend in Texten verarbeitet.

Anleitung 1. Schreibe in die Mitte eines leeren Blattes (DIN A4 quer): „Meine Welt in 25 Jahren." Umkreise diese Worte, und zeichne aus verschiedenen Richtungen 8 auf diese Mitte zulaufende Striche (Hauptstraßen).

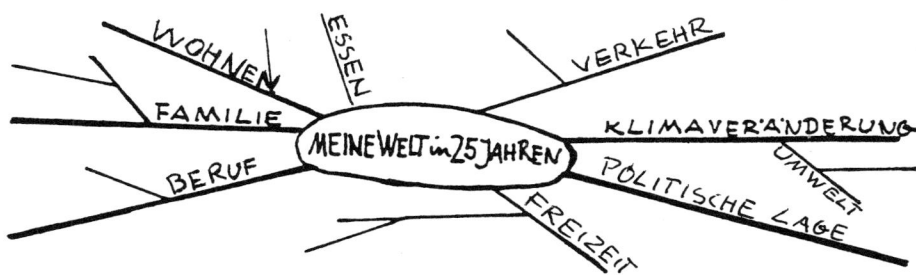

2. Schreibe mit großen Buchstaben auf diese Striche 8 SCHLÜSSELWÖRTER, die angeben, was in 25 Jahren dein Leben voraussichtlich bestimmen oder beeinflussen könnte. Denke dabei auch an Wünsche und Befürchtungen!
3. Gehe von den 8 Schlüsselwörtern aus, und sammle Einfälle, die dazu passen. Schreibe sie jeweils auf neue Linien, die wie Nebenstraßen von den Hauptstraßen abzweigen.
Falls du zu diesen Einfällen noch Unterpunkte findest, schreibst du sie auf kleine Wege, die von den Nebenstraßen abzweigen.

Verarbeitungs- 1. Schreibe zu jedem Stichwort einen Satz. Möglichst anschaulich und/oder persön-
vorschläge lich.
2. Schreibe zu verschiedenen Punkten nach folgendem Muster mehrere Zweizeiler mit einem abschließenden Kontrapunkt (Wiekon-Gedicht, s. S. 59):

Wenn ich an die Zukunft denke, oder dann ...	Meine Mutter sagt: In der Zukunft wird ...
Wenn ich an die Zukunft denke, dann ...	Mein Lehrer sagt: In der Zukunft ... (Fortsetzung mit anderen Personen. Zum Abschluß:)
Aber	Dann aber denke (oder: fühle, fürchte, hoffe, will) ICH ...

Nachtträume

Anregung: Gabriele L. Rico

In ihnen mischen sich Erlebtes, Gedachtes, Gefühltes, Hoffnung und Befürchtung, Vergangenheit und auch Zukunft in Bildern: ein reicher Schatz für Kreatives Schreiben.
Versuche, mehrere deiner Träume festzuhalten. Gehe dabei folgendermaßen vor:

Anleitung 1. Schreibe gleich nach dem Aufwachen den vorherrschenden Gesamteindruck des Traumes in die Mitte einer freien Seite, und umkreise dieses Wort, z.B. Neugier, Angst, Freude, Entsetzen, Versagen, Erfolg, ...

2. Notiere dann alles, was du aus deinem Traum in Erinnerung hast, nach der Methode „Cluster" (s. S. 35). Steuere dabei deine Einfälle nicht durch logische Überlegungen, sondern schreibe die Assoziationen so auf, wie sie kommen.

3. Sieh dir dein Cluster so lange durch, bis dir ein thematischer Schwerpunkt auffällt. Formuliere dazu eine passende Überschrift, und schreibe dann einen Traum-Text.

Tips:
— Schreibe in der Ich-Form!
— Benutze die Gegenwartsform (so, als wenn du alles gerade erlebst)!
— Schreibe den ersten Entwurf zügig, ohne lange nachzudenken!
— Bemühe dich nicht, logisch, folgerichtig und erklärend zu schreiben!
— Versuche statt dessen, Bilder in Worte zu fassen (auch durch eigene unübliche Wortzusammenstellungen oder neue Traumwörter, z.B. Flügelarme)!
— Formuliere auch „Ungereimtes"!
— Greife besondere Schlüsselbilder immer wieder auf!
— Überarbeite, wenn du fertig bist, deinen ersten Entwurf!
— Streiche dabei alles, was den angestrebten Grundton stört (das kann ein Drittel des ganzen Textes sein, v.a. überflüssige Erklärungen und Füllwörter)!

Angstträume

ab Jg. 10, E.

oder: Was tun gegen Ängste?

In unsere „moderne Wohlstandsgesellschaft", wie sie uns beispielsweise durch unbekümmerte fröhliche Menschen in der Werbung vorgetäuscht wird, scheinen diejenigen, die offen zeigen, daß sie Angst haben und sich Sorgen machen, nicht hineinzupassen. "Don't worry, be happy!" heißt nicht selten die Devise.

Aber Ängste, z.B. vor Isolation, Versagen, Beschämung oder Unfällen, Gewalt im Alltag, Umweltkatastrophen und Krieg lassen sich nicht auf Dauer verdrängen. Da helfen auch nicht die „Sonnenbrille der Seele" (Werbeslogan für ein chemisches Beruhigungsmittel) oder andere Drogen.

Doch wie gehen nun Jugendliche mit ihrer Zukunftsangst um? Verdrängung und Zweckoptimismus finden sich auf der einen Seite, Resignation und gar Verzweiflung auf der anderen. Darüber hinaus gibt es jedoch auch Jugendliche, die sich *handelnd* mit ihren Ängsten auseinandersetzen. Dazu gehört auch das Schreiben.

Wenn du es schaffst, über deine Ängste zu schreiben – oder über das, was sie hervorruft – dann bist du ihnen nicht passiv ausgeliefert.

Anregung: Winfried Pielow

Versuche, an das heranzukommen, was dich – bewußt oder unbewußt – ängstigt, um es dann schreibend „in den Griff" zu bekommen. Dafür empfehlen sich drei Schritte:

- Ausgehen kannst du von einer konkreten Erinnerung (z. B. Dienstagnacht am Hauptbahnhof) oder auch einer Vorstellung (z. B. Klima in 30 Jahren).
- Dann erweiterst du diese Vorgabe durch möglichst viele Einfälle dazu. Die Methoden „Automatisches Schreiben" (s. S. 34), „Cluster" (s. S. 35) und „Mind Mapping" (s. S. 37) können dabei sehr gut helfen, an Unbewußtes heranzukommen.
- Mit dem dritten Schritt kannst du versuchen, das Gesammelte so zu strukturieren, daß erkennbar wird, wie sich Ängste – ohne daß wir es wollen – in unser Leben drängen.

Mit welcher Schreibweise ist dies umzusetzen?

Nicht durch logisch klingende Erklärungen, einen schlüssigen „Klartext", eine „Erörterung" oder einen „Besinnungsaufsatz". Übliche Denkschemata, wie du sie im Aufsatzunterricht kennengelernt hast, darfst, ja mußt du vergessen. Überlasse dich statt dessen einem Schreibabenteuer.

Beginne z. B. ganz normal erzählend oder berichtend mit konkreten Angaben über Ort, Zeit, Personen, ... Kommen dir dann im weiteren Verlauf z. B. unerwartete Assoziationen, Satzfetzen aus einem anderen Zusammenhang, Wünsche, Verdrängtes, Widersprüche, ein Bild, eine „kühne Metapher", eine stichwortartige Erinnerung, ... in den Sinn, so nimm sie mit auf – so, wie sie dir gerade einfallen.

Zeige auch im Satzbau, wie unsicher und gefährdet die Oberfläche ist, z. B. durch Einschübe, Auslassungen, Zeitsprünge, mehrfache Wiederholungen bedeutungsstarker Einzelwörter, grammatisch Unsinniges, ...

Versuche wenigstens in Ansätzen zu zeigen, wie die ungeordneten Gedanken, Gefühle und Bilder aus der Tiefenschicht des Unbewußten sich einmischen in das, was du rational kontrollierst und bewußt gestaltest.

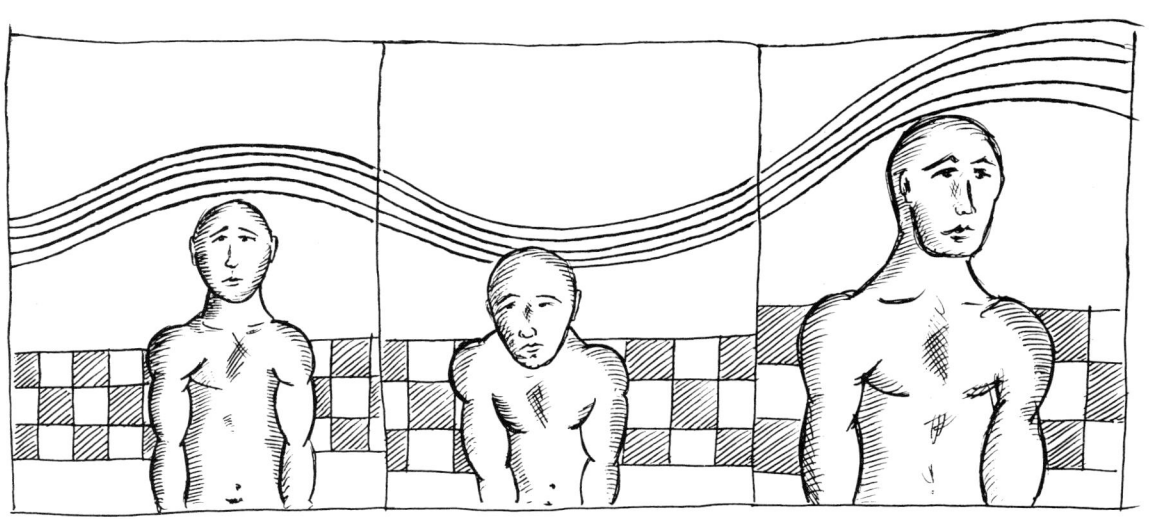

Größere Vorhaben ...

Bei einem „Vorhaben" wird über einen längeren Zeitraum – auch außerhalb des Unterrichts – in Gruppen, manchmal auch allein, an einem Werk gearbeitet, das zu einem verabredeten Termin anderen vorgestellt wird. Die Arbeit daran fordert und fördert längerfristiges Planen, Ausdauer, Teamfähigkeit und nicht zuletzt zuverlässiges Engagement für ein gemeinsames Ziel.
Sie läßt sich besonders gut in Projektwochen durchführen.

Tips zum Vorgehen:
● Bei der Suche nach geeigneten Themen möglichst offen vorgehen. Hilfen bieten dabei die im Handwerksteil vorgestellten Methoden „Cluster", „Mind Mapping", „Brainstorming", Methode „635", „Ideenkette" und z.T. „Brain-Session" (s. S. 35 ff.).
● Bei der Planung darauf achten, daß die Interessen aller Gruppenmitglieder zum Zug kommen.
● Verbindliche Terminabsprachen für die Fertigstellung von Zwischenergebnissen verabreden.
● Teilergebnisse zwischendurch Außenstehenden – z.B. dem/der Lehrer/in – zur Begutachtung vorlegen.
● Eine mögliche Zusammenarbeit mit anderen Fächern (z.B. Kunst, Musik, Tanz aus dem Sportbereich) rechtzeitig prüfen und anstreben.

Textsammlungen mit Illustrationen

ab Jg. 5, E. oder Gr.

Vorschläge ● Als Semester- oder Jahresarbeit stellen Einzelpersonen oder 2er Gruppen ein Heft zusammen, das vorwiegend eigene Beiträge enthält.
● Nach einer Unterrichtseinheit, z.B. Märchen, Satiren, Gedichten oder auch zu Themen, z.B. Liebe, Umweltschutz, Rechtsradikalismus, wird ein gemeinsames Heft zusammengestellt, in das jedes Klassen- bzw. Kursmitglied mindestens einen Beitrag einbringt.
● Im Laufe eines Halbjahres oder Jahres wird ein Heft mit Beiträgen aus verschiedenen Bereichen zusammengestellt.
● Nach einem jahrgangsübergreifenden Schreibwettbewerb stellt eine Gruppe die besten Texte der Schule zusammen.
Grundsätzlich sollte versucht werden, die Textsammlungen so zu gestalten, daß sie schon auf den ersten Blick zum Lesen einladen. Dazu tragen bei: ein farbiges Titelblatt, ein Inhaltsverzeichnis mit Seitenangabe, drei Zentimeter breite Heftränder, zu den Texten passend gestaltete Überschriften, Zeichnungen, Fotos oder andere Bilder, eine Schrift, die die Textaussage unterstützt (Möglichkeiten eines Computers nutzen!), und schließlich eine farbige Kordel, die alle gelochten Texte verbindet.
Veröffentlichte Texte sollten auch möglichst keine Rechtschreibfehler enthalten.

Lesetagebuch

Sinn • Hier werden deine Eindrücke und Reaktionen zu einer Lektüre (Unterricht oder privat) festgehalten. Damit hast du ein ganz „persönliches" Dokument über die Lektüre und kannst zugleich deinen Mitschülern und deinen Lehrern Anregungen für weiterführende Arbeiten geben.

Anleitung 1. Von den folgenden inhaltlichen Vorschlägen kannst du – wenn nicht bestimmte Forderungen festgelegt wurden – die auswählen, die dir am geeignetsten erscheinen:
• Abschreiben von Stellen, die dich besonders interessieren, • Fragen formulieren, • Abschnitte mit eigenen Worten kurz zusammenfassen, • spontan aufschreiben, was dir an einer Stelle gefällt/mißfällt, • eine Skizze darüber anfertigen, wie die Personen der Lektüre zueinander stehen, • Personen zeichnen und dazu schreiben, was sie charakterisiert und wie du ihr Verhalten bewertest, • Stellen illustrieren, • zu mehreren Schwerpunkten (z.B. Liebes- oder Streitszenen) Seitenzahlen oder Zitate festhalten, • ein „Mind Map" zu einem Kapitel oder zum ganzen Buch anlegen, so daß mit einem Blick deutlich wird, worum es geht, • Buchstellen vorschlagen, die im Unterricht vorgelesen und im Unterricht besprochen werden sollen, und dein Interesse an der Auswahl begründen. Du kannst auch Textstellen als Anregung für Kreatives Schreiben nutzen, z.B.: • Zum Verhalten von Personen Alternativen entwerfen, • einen anderen Schluß schreiben, • eine Vorgeschichte oder/und Fortsetzung erfinden, • eine Bildergeschichte mit Sprechblasen und kurzen Texten anlegen, • aus einer Prosastelle durch Zeilenumbruch ein Gedicht (s. S. 60) machen, • einen Teil der Lektüre in eine Hör- oder Spielszene umschreiben (Hörspiel, s. S. 123).
2. In der Klasse/im Kurs können formale Auflagen festgelegt werden, z.B.: • ein gestaltetes Titelblatt und ein Inhaltsverzeichnis mit Seitenangaben, • der Mindestumfang (z.B. 12 Seiten oder: zu jedem Kapitel der Lektüre mindestens ein Beitrag), • farbige Hervorhebung von Zitaten, • Seitenangaben für Textbezüge, • zwei Abgabetermine (einen endgültigen und einen etwa zur „Halbzeit").

Geschenke für eine „VIP"

Geschenkanlässe für besonders wichtige Personen (very important persons) gibt es in Klassen oder Kursen immer wieder: Geburtstage, Jubiläen, Abschiede, ...
Besser und vor allem kreativer, als nur ins Portemonnaie (möglicherweise noch das der Eltern) zu greifen und irgend etwas zu kaufen, ist es, Geschenke selbst zu machen.

Vorschläge Wichtig ist, daß ihr rechtzeitig und geheim (!) plant und die Zusammenarbeit von ein bis zwei zuverlässigen Personen koordinieren laßt.
1. Cluster oder Mind Map
Die Person, die beschenkt werden soll, hat Spuren hinterlassen. Jeder erinnert sich z.B. an besondere Erlebnisse, Eigenschaften, witzige oder ernste Zitate, ...
Um möglichst viel davon festzuhalten, stellt jeder ein Cluster oder ein Mind Map her. (Beim Mind Map wird systematischer zu Oberpunkten gesammelt, s. S. 37.)
Zur Verarbeitung bieten sich zwei Möglichkeiten an:
a) Alle Entwürfe werden mit ergänzenden Bildern (z.B. Fotos von der VIP oder Zeichnungen zu einzelnen Stichwörtern) als Heft gebunden.

b) In die Mitte eines DIN A5-Blattes wird ein Foto der VIP geklebt und rundherum eine Auswahl der besten Einzelbeiträge in einem schön gestalteten Cluster oder Mind Map vereint. Anschließend wird das Gemeinschaftsprodukt gerahmt.

2. Persönliches Kochbuch

Jeder schreibt das Rezept für ein leckeres Gericht auf. (Vorher verabreden, daß Wiederholungen vermieden werden.)

Angereichert werden kann die Rezeptsammlung durch jeweils passende Illustrationen und kleine Texte, z.B.: • einen Werbespot für das Gericht, • ein Lobgedicht, • die Beschreibung einer gewünschten Eßsituation (möglicher Anfang: „An einem warmen Juliabend werden Sie auf der Terrasse in … mit … wie Gott in Frankreich speisen. Dabei …“), • die Begründung für die Auswahl des Gerichts (möglicher Anfang: „Ich habe dieses Gericht gewählt, weil …“), • Informationen zu Teilen des Gerichts: a) als Sachtext (z.B. über Auszüge aus Kochbüchern oder Lexika über Vitaminanteile, Kalorien, …), b) (ab Jg. 8) als Parodie. Hierbei wird die Form eines sachlich informierenden Textes beibehalten, der Inhalt aber phantasiert (möglicher Titel: „Die Wirkung von Ketchup auf die Fähigkeit zu … Ein Forschungsbericht“).

Alle Beiträge werden gebunden, vgl. „Textsammlungen“ (s. S. 120).

Aufführungen

Anleitung 1. (Jg. 5/6): Ein **Märchen** wird in Szene gesetzt.

Beispiel: „Von dem Fischer und syner Fru".

a) Teilt nach den verschiedenen Orten den Ablauf der Handlung in Szenen auf, und verteilt sie auf kleine Gruppen.

b) Malt in jeder Gruppe Bilder zum besonderen Aussehen des Meeres und der Gebäude, und sprecht anschließend in der Klasse über die verschiedenen Vorstellungen.

c) Schreibt in jeder Gruppe eure Szenen in Dialoge um (s. dazu „Hörspiel", S. 123). Am besten je Gruppe zwei Fassungen; das hilft, eine gute Endfassung zu finden.

d) Sorgt für passende Überleitungen zwischen den Szenen, und beginnt mit Leseproben.

Tips zur Aufführung: • In der ersten Szene werden der Fischer von einem großen Jungen und seine Frau von einem kleinen Mädchen gespielt. Dann verändern sich die Größenverhältnisse, so daß am Schluß der kleinste Junge und das größte Mädchen die Hauptrollen spielen. • Die besten gemalten Bilder werden als Diaprojektion anstelle von großen Kulissen eingesetzt. • Musik – möglichst selbstgemachte – sollte die Szenen einleiten.

2. (Jg. 5 bis 13): Zu verschiedenen Themen werden viele kleine **Szenen** vorbereitet. Vorschläge für Oberthemen: Freud und Leid von Kindern/Jugendlichen.

Siehe auch Vorschläge zum Hörspiel.

3. (ab Jg. 10): Ein **Kabarett** mit mehreren Schwerpunkten, z.B. • Schule oder Liebe gestern – heute – morgen, • Fernsehsendungen, • politische Themen, …

Hier werden mit satirischer Absicht („Satiren", s. S. 57) kurze Beiträge entwickelt und vorgetragen, z.B.: • Lieder (neue Texte zu bekannten Melodien wie „Die Vogelhochzeit" oder zu aktuellen Hits), • Sketche (das sind nur wenige Minuten dauernde Spielszenen, die auf eine überraschende Pointe hinauslaufen), • Parodien von Fernsehsendungen (z.B. Talkshows, Interviews, Nachrichtensendungen), • Kurzreden, • Pantomimen, …

Hörspiel

I. Wege zum einfachen Hörspiel

Anleitung   1. Sammelt in 6er Gruppen Themen oder Inhalte, die euch interessieren. Dabei könnt ihr z.B. nach der Methode „635" (S. 39) vorgehen oder euch durch folgende Vorschläge anregen lassen:
● glückliche/unglückliche Liebe, ● Ärger zu Hause nach …, ● Zwischenfall beim Bundesligaspiel, beim Einkauf, auf dem Dom, im Verkehr, ● Immer diese Erwachsenen! Immer diese Jugendlichen!, ● Rauchen, Trinken, Drogen, ● Außenseiter in der Schule, in der Stadt, ● Tierquälerei, ● Umweltverbrechen, ● eine vorbildliche Tat, ● etwas Lustiges, ● Teil einer erzählten Vorlage (z.B. Schullektüre), …
2. Entscheidet euch nach der Sammelphase für eine Möglichkeit, und stellt diese Idee in der Klasse vor.
3. Aufgrund der unterschiedlichen Interessen können sich nun Gruppen neu bilden und mit der Ausführung beginnen. Beachtet dabei folgende

Tips für die Praxis: ● Vermeidet langatmige Erzähler-Einleitungen. Lebendiger ist eine Einleitung (Exposition), wenn die Antworten auf die berühmten W-Fragen (Wer? Wo? Wann? Warum?) aus dem Rollentext abgeleitet werden können. (Also z.B. Personen mit Namen anreden!)
● Denkt daran, daß die Texte für Hörspiele und Einzelszenen von ihrer Bestimmung her nur akustisch vermittelt werden. Weil die Hörer/innen nicht noch einmal oder langsamer lesen können, wenn sie etwas nicht verstehen, mußt du diese Schwierigkeit bei der Dialogführung von vornherein berücksichtigen. Daraus folgt im einzelnen:
● Die Personenzahl sollte nicht zu hoch sein. Drei Personen sind leichter voneinander abzusetzen als zehn.
● Manchmal kann es sinnvoll sein, eine langsamer verstehende Person einzuführen (Kasper- und Seppel-Muster), für die – und damit zugleich für die Hörer/innen – klärende Zusammenfassungen oder Wiederholungen gegeben werden können.
● Die Handlung darf nicht zu sehr verzweigt sein, weil sonst der Überblick verloren geht.
● Bei der Dialogführung hat sich bewährt, wenn Rede und Gegenrede nach dem „Klipp-Klapp-Muster" wechseln. Einwürfe, Ausrufe, Unterbrechungen und unvollständige Sätze lassen den Ablauf wirklichkeitsnäher erscheinen.
● Der Dialog soll bewegt sein und Hörer/innen bewegen, sie sollen mitgehen, mitdenken und mitfühlen.

Für die ersten Schritte bieten sich zwei bewährte Wege an:
● Ihr geht entweder von einer besonders reizvollen Stelle aus und beginnt aus dem Stegreif loszuspielen. Dann erst plant ihr den Zusammenhang: Wo und wann spielt das Ganze? Wie kommt es zu dieser Szene? Was kommt danach? Wieviel Szenen werden insgesamt gebraucht? Wer will/soll wen spielen?
● Oder ihr überlegt zunächst das gesamte Handlungsgerüst und beginnt dann mit der wichtigsten Szene.
Wenn ihr euch für einen der Wege entschieden habt, geht ihr folgendermaßen weiter:
1. Macht die ersten Spielversuche, besprecht sie, teilt euch in Zweiergruppen auf und schreibt für zugeteilte Abschnitte ein „Drehbuch": Dialoge mit Regieanmerkungen über Sprechweisen, Geräusche, Musik.

2. Danach geht es wieder in der größeren Gruppe weiter: Besprechen der Drehbuchentwürfe, Ausprobieren, Verbessern, endgültige Rollenfestlegung (evtl. Gastspieler ausleihen), Verteilung von Sonderaufgaben (Technik, Geräusche, Musik), Aufnahme mit Hilfe eines Cassetten-Recorders.

II. Für Fortgeschrittene ab Jg. 10

Wenn ihr nicht nur ein Sprechstück mit Hintergrundgeräuschen und Zwischenmusik herstellen wollt, sondern den Anspruch habt, ein „richtiges" Hörspiel zu gestalten, braucht ihr mindestens folgende *Ausrüstung*: drei miteinander verbindbare Cassettenrecorder, ein einfaches Mischpult mit zwei Eingängen und einem Ausgang und zwei Mikrofone.

Erst damit könnt ihr das wichtigste Gestaltungsmittel von Hörspielen einsetzen: die **Blende**.

Sie leitet unmerklich das Miterleben der Hörer/innen; sie hilft ihnen, sich auf ihrer „inneren Bühne" Bilder vorzustellen, Stimmungen zu empfinden und Zeit- und Gedankensprünge nachzuvollziehen:

Durch *Aufblenden* bzw. *Ausblenden* (Auf- bzw. Zuziehen des Schiebereglers) werden Szenen eingeleitet und beendet.

Durch *Einblenden* werden Geräusche oder Musik in eine Szene eingebracht, z.B. als wiederkehrendes „Leitmotiv" mit besonderer Bedeutung.

Bei der *Kreuzblende* werden durch Hoch- und gleichzeitiges Runterziehen verschiedener Hintergrundgeräusche, Gespräche oder von Musik Erinnerungen eingeschoben, Mischungen von Gefühlen und Gedanken oder Szenenwechsel verdeutlicht.

Wir erleben so hautnah mit, wie beispielsweise vor dem Hintergrund ein- und ausfahrender Züge sich in ein Abschiedsgespräch Erinnerungen, z.B. an einen Spaziergang am Meer mit Wellengeräusch und Möwengeschrei, schieben.

Die Blende ersetzt den sonst notwendigen Überleitungstext oder den häufig störend wirkenden erklärenden Erzähler.

Tips aus der Praxis: 1. Gespräche, Geräusche und Musik werden grundsätzlich getrennt auf verschiedenen Kassetten aufgenommen. Geräusche und Musik lange genug aufnehmen (ca. 5 bis 10 Min.) und mit großem Abstand speichern; das erleichtert das Wiederfinden und das spätere Mischen. Inhalte numeriert festhalten.

2. Mit Hilfe der Geräte – drei Rekorder und Mischpult – werden die getrennten Aufnahmen gemischt. Dabei werden die verschiedenen Möglichkeiten der „Blende" genutzt.

3. Textaufnahmen in schallarmen Räumen aufnehmen. Die Sprecher sollten dicht am Mikrofon stehen. Es empfiehlt sich, ein Mikrofon mit Kugelklang und schallschluckendem Schaumgummiball zu verwenden.

4. Da wir realistische Geräusche nicht immer zur Verfügung haben, manchmal auch selbst hergestellte besser passen, sollte mit Geräuschen experimentiert werden, z.B. mit Erbsen, Papier, Blechen, Brettern, Kokosnußschalen, Fön, Luftpumpe, Küchengeräten, ...

Nach den Geräuschaufnahmen werden diese mit Hilfe des Mischpults auf einer neuen Cassette in der später gebrauchten Reihenfolge festgehalten. (Auch hier Inhaltsverzeichnis nicht vergessen.)

5. Für die Produktion des Hörspiels muß eine übersichtliche Aufnahmetabelle angelegt werden. Sie enthält stichwortartig die Szenenfolge, geplante Mischungen (z.B. „Text Szene 4 und Geräusch Nr. 6"), die gewünschte Blende und Platz für weitere Regieanmerkungen.

6. Kein Hörspiel sollte länger als 30 Min. dauern!

Kollektiv-Roman

Reiz und Schwierig- keiten Gemeinsam an einem größeren Projekt arbeiten (z. B. während einer Projektwoche oder als besondere Semesterarbeit) und dabei zu einem festgelegten Thema eigene Schreibideen einbringen.

Anleitung In der Planungsphase könnt ihr entweder ganz selbständig vorgehen oder Vorschläge als Ausgangspunkt für die weiteren Überlegungen zugrundelegen.

Beachtet aber bei allen Entscheidungen die bewährte Schreibregel: Am besten kann man über das schreiben, worüber man Bescheid weiß. Überlegt also, wo und wie ihr Verhaltensweisen, Erfahrungen, Probleme, Wünsche und Ängste von Jugendlichen einbringen könnt.

1. Einen Kollektiv-Roman selbst entwickeln

a) Offener Einstieg

Zunächst stellt *jeder für sich* zusammen, was ihn an diesem Projekt reizt. Auf diese Weise wird vermieden, daß einzelne Personen, die angeblich „immer die besten Ideen" haben, dem Gruppenprozeß frühzeitig ihren Stempel aufdrücken. Die folgende Arbeit in der Gruppe macht nicht nur mehr Spaß, sondern bringt auch bessere Ergebnisse, wenn aus einer größeren Fülle von Ideen ausgewählt werden kann.

Halte darum in dieser Phase ohne Beeinflussung durch andere schriftlich fest, was du willst. Nutze dafür die Methode „Cluster" (S. 35), oder schreibe auf verschiedene Zettel stichwortartig deine Wünsche und Vorstellungen.

Schwerpunkte für deine Sammlung:

– Welche Ziele/Absichten verbinde ich mit dem Romanprojekt? z.B.:

• Eine ernstgemeinte Botschaft für eine bestimmte Lesergruppe verfassen oder eher etwas Witziges, Kitschiges, Spannendes, …

• lustbetont ein gemeinsames Projekt erarbeiten,

• eine Lesung vor geladenen Gästen vorbereiten, …

– Über welche Inhalte möchte ich gerne schreiben (z.B. über solche, die mich und Gleichaltrige betreffen oder ganz „abgehobene", z.B. aus dem Bereich der Phantasie oder der Trivialliteratur)?

– Welche Textsorten interessieren mich (z.B. konventionelle, die an literarischen Mustern orientiert sind, wie Entwicklungsroman, Liebesroman, Abenteuerroman oder ist es eher eine experimentelle offene Form mit verschiedenen Texten und Möglichkeiten für Montagen oder eher eine Art Bild-Roman mit Sprechblasen und kurzen Zwischentexten)?

b) Sichtung der Ergebnisse und erste Festlegung in der Gruppe

Lest nun einzeln die verschiedenen Zettel der Reihe nach durch, und unterstreicht jeweils die Punkte, die auch eigene Vorstellungen treffen. Verabredet anschließend gemeinsam einen Rahmen für euren Roman. Dieser sollte so offen sein, daß ein Großteil der individuellen Interessen berücksichtigt werden kann. Hilfreich ist es aber, – für euch und auch für die Leser/innen – sich z.B. auf eine Einzelperson oder eine überschaubare Gruppe zu konzentrieren.

c) Ideenentwicklung

Innerhalb des verabredeten Rahmens werden nun konkrete Vorschläge gemacht und nach der Methode „Ideenkette" (s. S. 40) weiterentwickelt.

d) Umsetzung

Die verschiedenen Möglichkeiten werden in der Gruppe vorgelesen und diskutiert. Dann werden letzte Festlegungen vorgenommen, graphisch für alle gut sichtbar festgehalten (z.B. mit einem „Mind Map", s. S. 37) und Schreibaufträge nach den

Vorschlägen aus der Ideensammlung für Einzelpersonen oder Zweiergruppen verteilt.

Abhängig von den Aufgaben werden nach kürzeren oder längeren Schreibphasen die Einzelergebnisse in der Gruppe vorgelesen und nach Lob, Korrekturvorschlägen und Anregungen neu auf den Weg gebracht. Reizvoll kann es sein, die angefangenen Abschnitte in der Runde weiterzugeben und dann durch andere fortsetzen zu lassen.

e) Gemeinsam werden am Schluß notwendige Anpassungen vorgenommen – z.B. Einleitungen und Überleitungen – und Pläne für eine „Vermarktung" geschmiedet.

Wie wäre es z.B. mit einem Sonderdruck im Eigenverlag (gebunden, bebildert) und/oder einer Dichterlesung vor ausgewählten Gästen? Wie ließe sich gezielt dafür werben?

2. Ein Kollektiv-Roman nach Anregungen

Wenn ihr den Kollektiv-Roman nicht selbst entwickeln wollt, könnt ihr euch durch die Vorschläge a), b) und c) anregen lassen:

a) „Aus dem Leben der/des J.A."

Im Mittelpunkt steht eine besondere Figur (sympathisch, unsympathisch, interessant, komisch, …) und ihr Lebensweg, der durch die Darstellung wichtiger Stationen und Lebensabschnitte (z.B. Geburt, Schule, Suchphase, Liebesfreud und -leid, Erfolge, Krisen, Zukunft oder Ende) den Leser/innen nahegebracht wird.

Als Schreibhaltung bzw. Schreibweise läßt sich bei diesem Vorschlag fast alles verarbeiten, was ihr bisher kennenlernen konntet, von A wie Abschiedsbrief bis Z wie Zeilenkomposition. Besondere Empfehlung: „Spielen mit Stilen"! (s. S. 29).

Die Vorschläge zum Vorgehen werden in der Gruppe entweder mündlich entwickelt (Methode „Brainstorming", s. S. 38) oder schriftlich (Methode „635", s. S. 39 oder „Ideenkette", s. S. 40).

Umgesetzt werden sie wie oben beschrieben.

b) Schreiben nach Mustern der *Trivialliteratur* (z.B. Arztroman, Western, Krimi, Science-fiction, Bild-Roman, …).

Reiz und Schwierigkeit

Im Vordergrund steht hier die spaßbetonte Verarbeitung gängiger Muster und Klischees. Diese dürfen und sollten bewußt überzogen werden. Dann kann eher deutlich werden, wie platt und abgedroschen die Darstellungen von Personen bzw. Personenbeziehungen, von Konflikten und Konfliktlösungsmustern sind. Dabei gehen wir bewußt der Frage nach, wie es zu erklären ist, daß diese triviale Literatur täglich von mehreren Millionen Lesern und Leserinnen verschlungen wird.

Anleitung

Anregung: Günter Waldmann

1. Entwerft gemeinsam nach dem gängigen Schema dieser Textsorte eine Art Baukasten mit vielen Möglichkeiten für die wichtigsten fünf Elemente. Die Vorschläge werden nach Zuruf numeriert in eine vorbereitete Tabelle eingetragen:

Heldin	Held	Gegenspielerin	Konflikt	wichtigster Ort
1. arme Studentin	junger Unternehmer	Zimmervermieterin	scheinbare Untreue von …	Skiort

2. Von den fünf Elementen wird je ein Vorschlag ausgelost. Deutlich wird dabei, wie beliebig und austauschbar die Teile sind, wenn nur das erwartete Muster erfüllt wird. Danach wird ein grober Handlungsablauf entworfen, entweder im Gespräch nach der Methode „Brainstorming" (s. S. 38) oder – noch vielseitiger – nach der „Methode 635" (s. S. 39).

Nach Sichtung aller Ergebnisse wird in der Gruppe der Handlungsablauf festgelegt und in etwa gleichlange Abschnitte aufgeteilt. Großes Übersichtsblatt mit der Abschnittsfolge anlegen! Jeder Abschnitt wird numeriert, bekommt eine Bezeichnung und kurze Beschreibung des Anfangs und Schlusses (z. B. „7. Beichte: es klopft ... sie rennt tränenüberströmt aus dem Zimmer.").

3. Das äußere Erscheinungsbild der zwei Hauptpersonen wird zunächst in Einzelarbeit skizziert. Am übersichtlichsten mit Hilfe einer Tabelle und Stichworten zu folgenden Punkten:

Haare, Hautfarbe, Stirn, Augen, Nase, Mund, Kinn, Brüste bzw. Schultern, Hände, Beine, Körpergröße, Gesamteindruck, Auffälliges.

Wenn anschließend die Ergebnisse in der Gruppe verglichen werden, könnt ihr folgendes feststellen: Trotz mehrerer Unterschiede gibt es zahlreiche Gemeinsamkeiten. Woran könnte das liegen? Sind hier vielleicht von Jungen wie von Mädchen bei der Beschreibung der/des Heldin/Helden unbewußt geheime Wunschvorstellungen eingeflossen?

Es kann dabei deutlich werden, wie Klischees der Trivialliteratur wirken.

Sie sind wie Netze, und zwar mit doppelter Funktion. Einerseits laden sie die Leser/innen ein, ihre individuellen Erwartungen und Sehnsüchte in diese Gepäck- oder Auffangnetze hineinzupacken, andererseits aber wirken sie wie Fangnetze: Wenn die Leser/innen Teile von sich selbst eingebracht haben, liegt es nahe, daß sie sich damit identifizieren, intensiver miterleben, sich „fesseln" und „gefangennehmen" lassen und – das nächste Heft kaufen. Zurück zu unserer Praxis:

4. Zur Fortsetzung empfiehlt es sich, wie oben beschrieben („Umsetzung") vorzugehen.

c) Ihr könnt auch eine *Abenteuerreise* als Muster nehmen (Anregung: Gundel Mattenklott). Dabei orientieren sich die Schreiber/innen beim Aufbau ihres Romans an den bekannten Abfolgen, z. B. an 24 Stunden des Tages, den vier Jahreszeiten, den vier Elementen, den verschiedenen Erdteilen. Übergeordnet sind die drei Schwerpunkte: Aufbruch mit Begründung (z. B. Langeweile, Konflikte, Ende eines Lebensabschnittes), verschiedene Abenteuer und Ziel der Reise (z. B. „Gewinn von materiellen oder ideellen Schätzen, Selbstfindung und Selbstverwirklichung, ein neues Lebensbewußtsein, eine individuelle oder kollektive Utopie usw." Gundel Mattenklott).

Zukunftswerkstätten

ab Jg. 5, Gr. versch. Größen

Horrormeldungen über das, was uns die Zukunft bringen könnte, haben viele Menschen entmutigt. Sie glauben nicht mehr daran, daß das Unglück, das Menschen erzeugt haben, wie Bertolt Brecht es formuliert, auch „von Menschen verändert werden kann".

Der Zukunftsforscher Robert Jungk hat gegen Resignation und Verdrängen „Zukunftswerkstätten" durchgeführt, in denen Modelle für eine menschliche Zukunft entwickelt worden sind. Sie zeigen uns Ziele, für die es sich lohnt zu leben und all unsere kreativen Möglichkeiten einzusetzen.

Diese „Zukunftswerkstätten" sind in drei Arbeitsphasen aufgeteilt:
1. Analyse der Gegenwart und entsprechende Kritik,
2. Entwicklung von wünschenswerten Alternativen/„konkreten Utopien" (Bloch),
3. Fragen nach jetzt schon möglichen Schritten im eigenen Umfeld.
Diese bewährte Dreigliederung übernehmen wir für unser Projekt.

Anleitung 1. <u>Was</u> <u>ist</u> <u>zu</u> <u>kritisieren</u>?
a) Sammle zunächst Stichwörter zu Punkten, die dir nicht gefallen, die du kritisierst.
Beispiele: Familienleben, Gleichaltrige, Erwachsene, Klasse, Schule, Wohngebiet (beispielsweise Freizeitangebote), Stadtplanung, Verkehr, Industrie, Regierung, ...
b) Vergleiche deine Ergebnisse mit denen der Gruppenmitglieder.
c) Besprecht in der Gruppe, welche Bereiche euch besonders interessieren, und entscheidet euch für den wichtigsten. (Bei unterschiedlichen Interessen sollte danach ein Gruppenwechsel möglich sein.)
2. <u>Welche</u> <u>Zukunft</u> <u>wollt</u> <u>ihr</u>?
a) Um ein möglichst buntes Wunschbild zu erhalten, ist zunächst jeder für sich kreativ. Vorschläge zu den Beispielen „Traumschule" oder „Idealer Stadtteil":
• Zeichne mit Farbstiften in etwa 20 Min. auf einen DIN A3-Bogen alles auf, was dir zu deiner Idealvorstellung einfällt (Was sollte z.B. besser möglich sein? Was sollte fehlen?). Symbole und Stichwörter können auch eingesetzt werden.
(Alternative: Fertige einen Cluster (s. S. 35) oder Mind Map (s. S. 37) an, oder schreibe etwa 10 Min. nach der Methode „Automatisches Schreiben".)
b) Hängt die einzelnen Bilder an einer Wand oder mit Hilfe von Klammern an einer gespannten Leine auf, und sprecht in der Gruppe darüber, z.B. über Gemeinsamkeiten und interessante Unterschiede.
c) Mögliche Fortsetzungen:
• Die Gruppe malt zunächst ein gemeinsames Bild zum selben Thema
• oder überlegt sich gleich gemeinsam Schreibaufgaben, die in Einzel- oder Partnerarbeit – evtl. auch zu Hause – ausgeführt werden. Beispiele: • Ein schwärmerisches Gedicht mit vielen Bildern, • die Beschreibung eines schönen Tageslaufs in der Traumschule, • die Erläuterung des neuen Schulgebäudes für einen fremden Besucher von außerhalb, • ein Gespräch mit einem Kritiker über neue Formen eines lebendigen Lernens, • den Entwurf eines neuen „Schul-Ethos'" mit Rechten und Pflichten für Schüler/innen und Lehrer/innen anstelle der alten „Hausordnung".
3. <u>Welche</u> <u>ersten</u> <u>Schritte</u> <u>sind</u> <u>heute</u> <u>schon</u> <u>möglich</u>?
Zum Mutmachen eine psychologische Faustregel: Wenn sich in einer großen Gruppe eine kleine Gruppe einig ist, hat sie gute Aussichten, den unentschlossenen Rest von ihrem Ziel zu überzeugen. Konkret: 6 Personen reichen für eine große Klasse, etwa 35 für eine große Schule!
a) Entscheidet euch zunächst für kleine erreichbare Ziele (z.B. die Verbesserung der Pausenmöglichkeiten). Erfolgserlebnisse geben Mut und wirken auf andere ansteckend!
b) Überlegt, wie ihr andere für eure Sache gewinnen könnt. Um erfolgreich überzeugen zu können, braucht ihr Phantasie und Einfühlungsvermögen.
Dabei kann es sinnvoll sein, auf ganz verschiedene Weise vorzugehen, z.B. über
• Flugblätter, • Plakate, • Stelltafeln, (s.u.) • Pausenradio, • Pausenhoftheater, • Interviews, • Leserbriefe, • schriftliche Umfragen (z.B. in Jg. 5, 8 und 11 mit einem Fragebogen über die Vorstellungen von einer Traumschule), • veröffentlichte Unterschriftensammlungen, • öffentliche Reden in der Pausenhalle, ...

Stelltafeln

Wenn wir uns für etwas engagieren und mit unserem Schreiben andere erreichen wollen, müssen wir besondere Veröffentlichungsmöglichkeiten nutzen. Eine davon ist eine Stelltafel mit Texten und Bildern, die wir in der Nähe eines vielbesuchten Platzes (Vertretungsplan oder Kantine) aufstellen.

Tips zur Gestaltung:
- Zunächst für Fernwirkung sorgen (eye catcher),
- AIDA-Formel nutzen (s. S. 65),
- Texte mit verschiedenen Funktionen einsetzen:
- Information (s. dazu die 4 Verständlichmacher „EGKS", S. 66),
- Ausdruck individueller Gedanken und Gefühle,
- Appelle mit konkreten Handlungsorientierungen.

Textvorschläge zu dem Beispiel „Krieg":

1. „Kriegsberichterstattung" oder: Textmontagen zum „Wiederherstellen der Wahrheit" (nach Bertolt Brecht): Sucht Zitate (einzelne Wörter oder auch Sätze) von Politikern, anderen Personen der Öffentlichkeit und Journalisten über den Krieg. Schreibt oder klebt diese Zitate auf die linke Hälfte einer Seite und jeweils rechts daneben, was IHR wißt, denkt, wünscht, befürchtet. Befestigt diese Seiten an der Stelltafel.

2. Gedichte nach vorgegebenem Muster anbieten (s. „Geländer-Gedichte", S. 58). Platz für Fortsetzungen durch Leser/innen lassen!
a) Krieg ist, wenn ...
Friede ist, wenn ...
b) Gestern wurde ... oder: hat man ...
Heute aber ...
c) Sie haben gesagt ... behauptet ... versprochen ... beruhigt, daß ...
Ich aber weiß ... sehe ... fühle ... fürchte ... frage ... mache ...!

3. Öffentliche Briefe an wichtige Personen mit Platz für Unterschriften anbringen.

4. Texte nach dem Muster von Wolfgang Borcherts „Dann gibt es nur eins: Sag NEIN!" aushängen.

Schreibwettbewerb

Themen-vorschläge
Wählt die Themen so offen, daß die Schreibenden ihren persönlichen Schwerpunkt einbringen können: ihre eigenen Erfahrungen, Befürchtungen, Hoffnungen oder auch einfach nur ihren Spaß am Schreiben.
Bewährte Beispiele: „Hamburg aus meiner Feder", „Zukunft", „Gegensätze", „Was ich schon immer mal schreiben wollte", „Aufbruch", „Träume".

Zur Organi-sation
- Erste Informationen mit Werbung ungefähr ein halbes Jahr vor dem Abgabetermin veröffentlichen (Handzettel, Plakate).
- Lehrer und Lehrerinnen dafür gewinnen, daß sie das Thema im Unterricht aufgreifen und gute Ergebnisse in die Deutschnote einfließen lassen.
- Bewährter Terminplan: Abgabe: vier Wochen nach den Frühjahrsferien, Aushang der Preisträger/innen und Lesungen mit Preisverleihung: Mai/Juni (Empfehlung für die Lesungen: Wie bei den Bewertungen jeweils zwei Jahrgänge zusammenfassen, je eine Schulstunde, ausgewählte Hörergruppen).
- Geld für Buchpreise über den Schulverein oder von Sponsoren beschaffen.

Zur Bewertung
- Je zwei Jahrgänge zusammenfassen, • für die Jury möglichst Schüler/innen und Lehrer/innen gewinnen, • keine Rangfolge aufstellen, sondern „besonders gelungene" Texte auszeichnen (Gesichtspunkte zur Bewertung, s. S. 133).

Projektwoche

ab Jg. 9

Eine Projektwoche bietet die besten Voraussetzungen, intensive Erfahrungen mit Kreativem Schreiben zu machen. Besonders dann, wenn die Teilnehmer/innen das Thema selbst gewählt haben, die Gruppenstärke zwischen 8 und 16 liegt und die äußeren Bedingungen eine ungestörte selbstbestimmte Gestaltung der Woche zulassen.

Optimal geeignet ist z.B. ein abgelegenes (!), gemütliches Haus mit Kamin, Garten und eigener Küche. Aber auch in der Schule läßt sich eine Projektwoche durchführen.

Das inhaltliche Programm sollte auf die Interessen der Gruppe abgestimmt werden: Wenn die Gruppe neu zusammengesetzt und/oder anfangs weniger bereit ist, über persönliche Dinge zu schreiben, sollten die Schwerpunkte – mindestens in der ersten Hälfte – weniger auf Schreibvorschlägen aus dem Kapitel „Innenwelten" liegen. Eine gute Leitung wird aus der Fülle der Möglichkeiten Geeignetes auswählen (s. hierzu das Mind Map, S. 37).

Das im folgenden skizzierte Programm wurde mit sieben Schülern und Schülerinnen aus einem Deutsch-Leistungskurs des Jahrgangs 12 und vier dänischen gleichaltrigen Gästen durchgeführt.

In einer abschließenden Bewertungsrunde wurde hervorgehoben, daß es allen Gelegenheit geboten hatte, lustbetont und persönlich zu schreiben, und daß jeder viel über sich und die anderen erfahren habe. Eine Schreiberin drückte aus, was andere bestätigten, daß sie nach dieser Woche mit mehr Selbstvertrauen in den normalen Unterricht gehen würde.

<u>Typischer Tagesablauf</u>

10 Uhr: ausgiebiges Frühstück, 11-14 Uhr: erste Schreibphase nach Vorschlägen des Lehrers, anschließend: kleiner Imbiß und Mittagspause, 15.45 Uhr: Teerunde. 16–18 Uhr: selbständiges Schreiben (z.B. Texte fortsetzen oder überarbeiten), anschließend: gemeinsam zubereitete Hauptmahlzeit, ab 20 Uhr: Vorlesestunde am Lagerfeuer oder Kamin (literarische Vorbilder und eigene Texte), offenes Ende.

Inhaltliches Programm für die Schreibzeit von 11–14 Uhr:

Montag (nach der Anreise): „Monogramm" (s. S. 12)

Dienstag: 1. „Meditation" (s. S. 80): Jeder konzentriert sich in der Natur auf ein Blatt oder eine Blüte. 2. In der anschließenden gemeinsamen Runde werden alle aufgefordert, ihre Eindrücke, Gedanken und Empfindungen in *einem* Wort zu verdichten und dieses vorzulesen. Von den 12 mitgeschriebenen Wörtern (z.B. Sehnsucht, Sein, falsch, persönlich, Vertrauen, Kreislauf, Schule, Wiese, Gleichheit, Macht, Leben) sucht sich jeder 8 aus und schreibt einen Text, in dem diese Wörter eine Rolle spielen (Schreibzeit ca. 40 Min.). 3. Vorlesen und besprechen der Texte. 4. Zur Entspannung werden Fortsetzungstexte geschrieben und anschließend vorgelesen (s. „Tempotext", S. 13), Schreibzeiten: 10 Min., 8 Min., 6 Min., 3 Min.

Mittwoch: 1. Alle liegen mit geschlossenen Augen auf der Wiese und lassen sich auf eine gelenkte Phantasiereise entführen. (Hierfür hat der Lehrer zu aktuellen Situationen passend einen Text aufgeschrieben, den er so langsam vorliest, daß jeder sich in die vorgestellten Situationen – z.B. Blick von einer fliegenden Wolke auf eine schöne Landschaft – einfühlen kann.) 2. „Kennt ihr mich wirklich?" (s. S. 17). 3. Anschließend raten, besprechen und in einem Text verarbeiten. 4. Zur Entspannung: „Reim-Ketten" (s. S. 23).

Donnerstag: 1. Phantasiereise zur Einstimmung auf die folgende Übung. 2. „Wer bist du?" (s. S. 89). 3. Die Vertiefung nach Wahl, s. Aufgabe 4a–c. 4. Zur Entspannung: „Brief-Lawine" (s. S. 20). 5. Abends am Kamin: Vorlesen von Texten und Reflexion über die Woche.

Freitag: Rückreise.

Gesichtspunkte zur Bewertung

A. Grundsätze

1. Kreatives Schreiben als fester Bestandteil des Deutschunterrichts kann grundsätzlich – wie andere schriftliche Äußerungen von Schüler/innen – auch bewertet werden.
Wir müssen dabei nicht mehr Skrupel haben als die Kollegen und Kolleginnen in den musischen Fächern.
Verzichteten wir dagegen völlig auf Bewertungen, bestände die Gefahr, daß Kreatives Schreiben in unverbindliche Freiräume abgedrängt würde. Wir täten auch denjenigen unrecht, deren Erörterung wir benoten, deren erzählerische Leistung wir aber für die Zeugnisnote nicht berücksichtigen.

2. Um spezielle Ziele nicht zu gefährden – z.B. den Spaß am Spiel mit Sprache und das Interesse an persönlichen Aussagen –, wird so wenig wie möglich benotet.
Das entlastet nicht nur die Schüler/innen, sondern auch uns Lehrende.

3. Wir setzen beim Bewerten anders an als in der traditionellen Schreib- und Aufsatzerziehung:
• Wir gehen nicht von normativen Stilvorstellungen aus – z.B. Logik der Gedankenführung oder Klarheit des Ausdrucks –, sondern von den Besonderheiten der jeweils vorliegenden Texte.
Mechthild Dehn empfiehlt in diesem Zusammenhang „Texte von Schülern nicht grundsätzlich als defizitär zu lesen, sondern so, wie wir literarische oder journalistische Texte begutachten."
• Unsere Bewertungen geben Rückmeldungen über die Wirkung der Texte bei uns Leser/innen und haben eher Beratungs- als Urteilscharakter. Wir gehen also fragend und helfend, nicht aber fehlerorientiert „exekutierend" (Ivo) vor.

4. Wir nehmen uns vor, Schülerinnen und Schüler zu unterstützen, ihren „Sprachsinn" und eigenen Stil zu entwickeln.
Das heißt, wir fördern das Bewußtsein für Qualitätsunterschiede bei der Sprachverwendung und ermuntern die Schüler/innen, thema-, situations- und adressatenbezogen so zu formulieren, daß sie sich mit ihren eigenen Formulierungen identifizieren können.
Dementsprechend wird der erkennbare eigene Ausdruckswille höher bewertet als Reproduktion und Anpassung an vorgegebene Normen.

B. Umsetzungsmöglichkeiten

1. Was wird bewertet?

a) Unter Berücksichtigung des zweiten Grundsatzes können für die „laufende Mitarbeit" z.B. bewertet werden:

- einzelne Texte, die im Unterricht oder zu Hause geschrieben worden sind,
- mündliche oder schriftliche Kommentare und Verbesserungsvorschläge mit „Sprachsinn" zu Texten von Mitschülern, • Lernfortschritte (s. Verbesserungszirkel, S. 69).

b) Für Klassenarbeiten bzw. Klausuren empfiehlt es sich, entweder • in möglichst jeder Arbeit gestalterische Teile einzuplanen (z.B. einen engagierten Brief einer erfundenen Figur schreiben lassen) oder • pro Halbjahr eine Arbeit mit überwiegend kreativem Charakter schreiben zu lassen.

2. Welche Beurteilungskriterien sind geeignet?

Zunächst muß unterschieden werden, nach welchen Aufgabenstellungen die Texte entstanden sind:

Typ A: Die Aufgaben enthielten verbindliche inhaltliche und/oder formale Anregungen bzw. Forderungen.

Aufgaben dieser Art eignen sich eher für Klassenarbeiten bzw. Klausuren als freiere, weil sie „handwerklicher" zu erfüllen und objektiver zu beurteilen sind.

Typ B: Die Aufgabenstellung war so offen, daß die Schüler/innen selbst entscheiden durften, worüber und wie sie schreiben.

Für die Beurteilung von Texten, die zu Aufgaben mit *verbindlichen Forderungen* geschrieben wurden *(Typ A)*, stellen wir vorrangig folgende Fragen:

a) Sind die gestellten Forderungen erfüllt?

Hinweise für mögliche Aufgaben: Macht die Überschrift neugierig? • Sind die inhaltlichen Bausteine aufgegriffen und richtig verarbeitet? • Ist die vorgegebene Textsorte getroffen? • Ist die Perspektive richtig erfaßt? • Hat der Text Adressatenbezug? • Ist das Bauprinzip Wiederholung und Kontrast erfüllt? • Sind linguistische Operationen mit Erfolg durchgeführt worden? • Hat der Schluß Appellcharakter? ...

b) Wie wird der vorgesehene Rahmen genutzt?

- Vorwiegend einfach und Unterrichtsergebnisse reproduzierend oder
- selbständig, ideenreich und originell?

c) Gibt es qualitätsmindernde Faktoren?

Denkfehler (z.B. Widersprüche), ungewollte Normabweichungen im Ausdruck, Satzbau, Tempusgebrauch, Langatmigkeit ohne Funktion, Nichteinhalten des angestrebten Stils, ...

Rechtschreib- und Zeichensetzungsfehler werden nicht oder nur minimal in die Bewertung einbezogen, um zu verhindern, daß Angst vor Fehlern die Ausdrucksmöglichkeiten einschränkt oder sogar blockiert!

Über diese erste Einschätzung hinaus lassen sich auch die übergeordneten Gesichtspunkte heranziehen, die für die Ergebnisse von *freien Aufgaben (Typ B)* brauchbar sind:

Die Bewertung von Texten dieser Art ist zwar stärker vom subjektiven Urteil der Leser/innen abhängig als die unter A aufgeführten, sie läßt sich aber dennoch mit Beurteilungskriterien begründen.

Damit diese von Schülern und Schülerinnen leichter akzeptiert – und auch beim Textschreiben bewußter berücksichtigt – werden, empfiehlt es sich, sie mit ihnen gemeinsam zu entwickeln. Dabei gehen wir induktiv von gelungenen Schüler-Texten oder auch von literarischen Beispielen aus, die anregen aber nicht verpflichten.

Die Grundlagen für die folgenden Gesichtspunkte sind in einer 11. Klasse erarbeitet worden. (Anlaß war die Beurteilung von Beiträgen zu einem Schreibwettbewerb mit dem offenen Thema „Was ich schon immer mal schreiben wollte". Nach dem Vorlesen einzelner Texte wurden die Hörer/innen aufgefordert, ihre spontanen Einschätzungen jeweils kurz schriftlich festzuhalten und zu begründen. Leitfragen: „Was hat dir gefallen/mißfallen? Wie kannst du dein Urteil erklären?")
Übergeordnete Gesichtspunkte:

a) <u>Wie</u> <u>wirkt</u> <u>der</u> <u>Text</u> <u>auf</u> <u>Leser/innen?</u>
● Interessiert der Text, macht es Spaß, ihn zu lesen, oder ● langweilt er eher?
Mögliche Unterpunkte: Erzeugt der Text ● anschauliche Vorstellungen, ● Überraschung, ● Neugier, ● Irritationen, die die Leser/innen aufmerken lassen, ● Spannung, ● Lachen, ● Nach- oder Weiterdenken, ● Gefühle, ● Betroffenheit, ● Handlungsbereitschaft, …?

b) <u>Was</u> <u>bestimmt</u> <u>den</u> <u>Text</u> <u>inhaltlich?</u>
Hat er ● „Substanz", oder ist er ● belanglos?
Mögliche Unterpunkte: ● Bezieht sich der Text auf ein interessantes Thema, z.B. ein individuelles oder ein gesellschaftliches? ● Enthält er eine persönliche Aussage, ein Engagement oder eine Botschaft? ● Steht im Mittelpunkt eine Form-Idee, z.B. Ironisierung von Sprachklischees? ● Sind originelle Einfälle erkennbar, oder wird nur reproduziert?

c) <u>Wie</u> <u>ist</u> <u>der</u> <u>Text</u> <u>gemacht?</u>
● Hat sich der/die Schreiber/in Mühe gegeben, bewußt zu gestalten?
● Paßt die Form zur Aussageabsicht?
● Wird die angestrebte Form durchgehalten?
Mögliche Unterpunkte: ● Konzentriert sich der/die Schreiber/in auf einen Schwerpunkt oder hat er/sie zu viel auf einmal gewollt (typischer Anfängerfehler)?
● Wird verdichtet geschrieben, oder stören langatmige Erklärungen, unnötige Wiederholungen?
● Werden die formalen Besonderheiten der gewählten Textsorte (z.B. Erzählung, Gedicht, Dialog, Montage, …) genutzt?
● Dient der Aufbau (z.B. geschlossen „pyramidal" oder offen nebeneinanderstellend) der Wirkungsintention?
● Paßt der Stil zum Gegenstand und zu den gedachten Adressaten?
● Läßt sich in Ansätzen ein eigenwillig kreativ schreibendes Ich erkennen – z.B. an neuen Metaphern, ungewohnten Sichtweisen, Mut zu experimentellem Sprachgebrauch?
Zu Abwertungen führen:
● Denk- und Stilbrüche (z.B. unfreiwillige Komik bei schiefen Bildern oder „Krampf"-Reimen),
● ungewollte Unklarheit, ● funktionslose Wiederholungen, ● Verwendung von Klischees (sofern nicht ausdrücklich gefordert), ● Perspektiven- und Zeitwechsel, wenn kein Gestaltungswille dahinter erkennbar ist.

3. Welche Verfahren haben sich bewährt?

a) „Laufende Mitarbeit"

Pro Halbjahr werden zu einem gemeinsam festgelegten Termin mindestens drei ausgewählte Texte abgegeben, von denen die zwei besseren die Grundlage für eine Durchschnittsnote bilden.

Entwürfe dürfen freiwillig vorher zur (unbenoteten) Begutachtung eingereicht werden. Das ermöglicht es Schüler/innen, ihren Verbesserungswillen und ihre Überarbeitungsfähigkeit nachzuweisen. Freiwillig sollten auch die Anregungen berücksichtigt werden können, Texte äußerlich angemessen durch besondere Schrift und Illustration zu gestalten oder sie sogar in einer Mappe abzugeben. Auf diese Weise bekommen wir eine differenziertere Grundlage für unsere Bewertung.

b) Klassenarbeiten/Klausuren

Für das – notgedrungen – am meisten praktizierte *monologische* Korrigieren empfiehlt sich folgendes Verfahren:

Wir lesen zunächst einige Arbeiten von leistungsstarken Schüler/innen durch, um zu überprüfen, ob das, was wir erwarten, realistisch ist. Danach stellen wir alle Bewertungskriterien – evtl. ergänzt durch veranschaulichende Beispiele – für ein „Gutachten" auf einem DIN A4-Blatt zusammen und vervielfältigen dieses. Für die einzelnen Arbeiten werden darauf die jeweiligen Besonderheiten v.a. durch Plus- und Minuszeichen oder Unterstreichungen markiert.

Vorteile für die Schüler/innen: Sie können die Bewertungsgrundlagen übersehen, bekommen ein differenziertes „feed back" über Stärken und Schwächen ihrer Arbeit und erhalten darüber hinaus durch die vorgestellten Kriterien Lernanreize und Hinweise für eine mögliche Verbesserung.

Vorteile für die Lehrer/innen: Es wird Zeit gespart und doch differenziert gewürdigt.

Sehr viel reizvoller als die häufig frustrierende isolierte Schreibtischarbeit ist dagegen die *kollegiale* Bewertungsarbeit, bei der ca. 4–7 Schüler/innen beteiligt sind. Sie bietet sich besonders bei Schreibaufgaben an, die sehr unterschiedliche Lösungen und entsprechende Leserreaktionen zulassen (siehe Grundsatz 3).

Bewährt hat sich folgendes Vorgehen:

1. Nach einem „diagonalen" Durchlesen aller Arbeiten stellen wir für jedes Jurymitglied ein Päckchen mit guten, mittleren und schwächeren Arbeiten zusammen.

Um zu verhindern, daß persönliche Sympathien oder Antipathien innerhalb einer Gruppe in die Bewertung einfließen, kann es sinnvoll sein, die Texte nur mit einer Kennziffer (d.h. ohne Namen) auszuteilen.

2. Die Jury trifft sich zu einer kurzen Vorbesprechung und verabredet Ziele der Arbeit (z.B. stichwortartige Gutachten oder/und eine Rangfolge der gelesenen Arbeiten oder/und eine grobe Notenvorstellung).

Vereinbart wird auch Organisatorisches (Weitergabe gelesener Arbeiten, Zeitpunkt und Ort für die nächste Jurysitzung) und nicht zuletzt der vertrauliche Umgang mit Texten und Ergebnissen.

3. Wenn jeder Text von mindestens zwei Personen gelesen worden ist, trifft sich die Jury zu einem Termin ohne Zeitdruck bei Kaffee und Keksen und beginnt ihre gesellige und zugleich für alle Beteiligten lehrreiche Arbeit.

Literaturverzeichnis

Baurmann, Jürgen
(1974) Die IB-Sprl Bachl Be und andere Geheimsprachen. In: Praxis Deutsch 5 (1974) 42–44.

Becker, Gerold
(1991) „Was ist eine gute Schule?". Vortrag bei einer GEW-Veranstaltung in Hamburg am 19. 02. 1991.

Bleckwehn, Helga
(1990) Stilarbeit. Überlegungen zum gegenwärtigen Stand ihrer Didaktik. In: Praxis Deutsch 101 (1990) 15–20.

Bornscheuer, Lothar
(1970) Eugen Gomringers „Konstellationen". In: Der Deutschunterricht 1 (1970) 59–78.

Boehncke, Heiner/Humburg, Jürgen
(1980) Schreiben kann jeder. Handbuch zur Schulpraxis. Reinbek bei Hamburg: Rowohlt 1980.

de Bono, Edward
(1990) Edward de Bono's Denkschule. Zu mehr Innovation und Kreativität. München: mvg-Verlag 1990.

Braem, Harald
(1989) Brainfloating. Im Entspannungszustand spielerisch Ideen finden. München: mvg-Verlag 1989.

Brecht, Bertolt
(1967) Über reimlose Lyrik mit unregelmäßigen Rhythmen. Werkausgabe Bd. 19. Frankfurt a.M.: Suhrkamp 1967, 395–403.

Brenner, Gerd
(1990) Kreatives Schreiben. Ein Leitfaden für die Praxis. Mit Texten Jugendlicher. Frankfurt a.M.: Cornelsen-Skriptor 1990.

Brunhorst-Hasenclever, Annegrit
(1984) „Zwei Kamele sägen Heizöl". Über die Bedeutung des Nonsens-Witzes und des Blödelns bei Jugendlichen. In: Praxis Deutsch 64 (1984) 50–55.

Bullerdiek, Bolko
(1987) Einmischungen. Anregungen zu einem produktiven Umgang mit Lyrik und kurzer Prosa. Stuttgart: Klett 1987.

Buzan, Tony
(1984) Kopftraining. Anleitung zum kreativen Denken. München: Goldmann 1984.

Cohn, Ruth
(1970) Das Thema als Mittelpunkt interaktioneller Gruppen. In: Gruppenpsychotherapie und Gruppendynamik Bd. 3 Heft 2. Göttingen 1970.

Cropley, J. Arthur
(1982) Kreativität und Erziehung. München, Basel: E. Reinhardt 1982.

Dehn, Mechthild
(1991) Stil von Grundschülern? Schülertexte verstehen lernen – und die Folgen für den Unterricht. In: Der Deutschunterricht 3 (1991) 37–51.

Fingerhut, Karl-Heinz/Melenk, Hartmut
(1980) Über den Stellenwert von „Kreativität" im Deutschunterricht. In: Der Deutschunterricht 55 (1980) 495–505.

Fingerhut, Karl-Heinz/Melenk, Hartmut/Waldmann, Günter
(1981) Kritischer und produktiver Umgang mit Literatur. In: Diskussion Deutsch 58 (1981) 130–150.

Frisch, Max
(1964) Tagebuch 1964–1949. Frankfurt a.M.: Suhrkamp 1964, 463.

Frommer, Harald
(1992) Erzählen. Eine Didaktik für die Sekundarstufe I und II. Frankfurt a.M.: Cornelsen-Skriptor 1992.

Fritzsche, Joachim
(1989) Schreibwerkstatt. Geschichten und Gedichte. Schreibaufgaben, -übungen, -spiele. Stuttgart: Klett 1989.

Fühmann, Franz
(1978) Die dampfenden Hälse der Pferde im Turm von Babel. Berlin: Kinderbuchverlag 1978, 175 ff.

Geißner, Hellmut
(1974) Zum Fünfsatz. In: Dyck, Joachim (Hg.), Rhetorik in der Schule. Kronberg/Taunus: Cornelsen-Skriptor 1974.

Goethe, Johann Wolfgang von
(1962) Hochzeitslied. Goethes Werke Bd. 1. Hamburg: Wegner Verlag 1962, 280 ff.

Geschwind, Norman
(1988) Die Großhirnrinde. In: Spektrum der Wissenschaft „Gehirn und Nervensystem" (1988), 112–120.

Grass, Günter
(1986) Gespräch mit Siegfried Lenz. In: Lenz, Siegfried. Über Phantasie. München: dtv. 1986, 61–104.

Haas, Gerhard
(1984) Handlungs- und produktionsorientierter Literaturunterricht in der Sekundar-Stufe I. Hannover: Schroedel 1984.

Handke, Peter
(1966) Publikumsbeschimpfung und andere Sprechstücke. Frankfurt a.M.: Suhrkamp 1966.

Heine, Heinrich
(1957) Das Fräulein stand am Meere. In: von Wiese, Benno (Hg.), Deutsche Gedichte. Düsseldorf: August Bagel 1957, 449.

Huhn, Gerhard
(1992) Kreativität und Schule. Berlin: Synchron Verlag 1992.

Hundertwasser, Friedensreich
(1964) Verschimmelungsmanifest. In: Hundertwasser, Friedensreich, Ausstellungskatalog. Hannover: Kästner Gesellschaft 1964, 32 f.

Ivo, Hubert
(1982) Lehrer korrigieren Aufsätze. Beschreibung eines Zustands und Überlegungen zu Alternativen. Frankfurt a.M.: Diesterweg 1982.

Jugendwerk der Deutschen Shell (Hg.)
(1985) Jugendliche und Erwachsene '85. Generationen im Vergleich Bd. 1 und 2. Leverkusen: Leske und Budrich 1985.

Jungk, Robert (Hg.)
(1990) Katalog der Hoffnung. 51 Modelle für die Zukunft. Frankfurt a.M.: Luchterhand 1990.

Kafka, Franz
(1961) Auf der Galerie. Die Erzählungen. Frankfurt a.M.: S. Fischer 1961, 132.

Kirckhoff, Mogens
(1992) Mind Mapping. Die Synthese von sprachlichem und bildhaftem Denken. o.O. 1992.

Klafki, Wolfgang
(1990) Neue Studien zur Bildungstheorie und Didaktik. Weinheim, Berlin, Basel: Beltz 1990.

Liebnau, Ulrich
(1992) Schreibwettbewerb. In: Kreatives Schreiben. Handreichungen für den Deutschunterricht. Hamburg: Amt für Schule 1992, 73–76.

Liebnau, Ulrich
(1994) Produktionsaufgaben in Klausuren. In: Praxis Deutsch 123 (1994) 12–13.

Link, Jürgen
(1990) Schreiben als Simulieren? Schreiben gegen Simulieren? Über Literaturkonzepte, ihre gesellschaftlichen Funktionen und das Kreative Schreiben. In: Diskussion Deutsch 116 (1990) 600–613.

Linneweh, Klaus
(1984) Kreatives Denken. Techniken und Organisation produktiver Kreativität. Rheinzabern: Gitzel 1984.

Mattenklott, Gundel
(1979) Literarische Geselligkeit – Schreiben in der Schule. Stuttgart: Metzler 1979.

Mattenklott, Gundel
(1984) Literarische Improvisation. Eine Sammlung von Schreibspielen und literarischen Übungen. Berlin: Pädagogisches Zentrum 1984.

Meckling, Ingeborg
(1985) Fragespiele mit Literatur. Übungen im produktiven Umgang mit Texten. Frankfurt am Main: Diesterweg 1985.

Merkel, Johannes/Nagel, Michael (Hg.)
(1982) Erzählen. Die Wiederentdeckung einer vergessenen Kunst. Geschichten und Anregungen. Ein Handbuch. Reinbeck bei Hamburg: Rowohlt 1982.

Merkelbach, Valentin
(1993) Kreatives Schreiben. Braunschweig: Westermann 1993.

Musil, Robert
(1930) Der Mann ohne Eigenschaften. 4. Kapitel. Teil 1. Berlin: Rowohlt 1930

Pielow, Winfried
(1984) Überlegungen zu einigen Schreibhaltungen. In: Koch, Helmut/Pielow, Winfried, Schreiben und Alltagskulturen. Hohengehren: Burgbücherei Schneider 1984, 77–190.

Queneau, Raymond
(1968) Stilübungen. Frankfurt a.M.: Suhrkamp 1968.

Rau, Hans Arnold (Hg.)
(1988) Kreatives Schreiben an Hochschulen. Berichte, Funktionen, Perspektiven. Tübingen: Max Niemeyer 1988.

Richter, Horst-Eberhard
(1992) Umgang mit der Angst. Hamburg: Hoffmann und Campe 1992.

Rico, Gabriele L.
(1987) Garantiert schreiben lernen. Sprachliche Kreativität methodisch entwickeln – ein Intensivkurs auf der Grundlage der modernen Gehirnforschung. Reinbek bei Hamburg: Rowohlt 1987.

Rucktäschel, Annamaria
(1991/92) Text in Theorie und Praxis. Hochschule der Künste. Berlin: WS 1991/92.

Saxalber, Annemaria
(1994) Individualstile als Unterrichtsthema. In: Praxis Deutsch 126 (1994) 51–54.

Schalk, Gisela/Rolfes, Bettina
(1986) Schreiben befreit. Ideen und Tips für das Schreiben in Gruppen und im stillen Kämmerlein. Bonn: Verlag Kleine Schritte 1986.

von Scheidt, Jürgen
(1989) Kreatives Schreiben. Texte als Wege zu sich selbst und zu anderen. Frankfurt a.M.: Fischer 1989.

Schulz von Thun, Friedemann
(1987) Miteinander reden: Störungen und Klärungen. Psychologie der zwischenmenschlichen Kommunikation. Reinbek bei Hamburg: Rowohlt 1987.

Schwäbisch, Lutz/Siems, Martin
(1975) Anleitung zum sozialen Lernen für Paare, Gruppen und Erzieher. Kommunikations- und Verhaltenstraining. Reinbek bei Hamburg: Rowohlt 1975.